校則、授業を変える生徒たち

開かれた学校づくりの実践と研究

全国交流集会Ⅱ期10年をふりかえる

浦野東洋一
勝野正章
中田康彦
宮下与兵衛
編

同時代社

はじめに

浦野東洋一
（帝京大学客員教授）

第二〇回「開かれた学校づくり」全国交流集会が、二〇一九年一一月に、発祥の地である高知県で、およそ二〇〇人の参加のもと成功裡に開催された。会場については、JR高知駅に近接する太平洋学園高等学校のお世話になった。

「発祥の地」というわけは、二〇〇〇年一二月に高知大学を会場にして、最初の「『開かれた学校づくり』全国交流集会 in Kochi」が、およそ三〇〇人の参加をえて成功裡に開催された経緯があるからである。

第二〇回記念集会の開催に尽力された青木宏治さん（高知大学名誉教授）、内田純一さん（高知大学）をはじめとする「世話人」の皆さま、事務局を担っていただいた藤田毅さん（太平洋学園高校）と野村幸司さん（元・高校教員）、そして参加者のすべての皆さまに感謝と敬意を表します。

交流集会の「終わりの全体会」で、私は次のように発言して参加者の皆さんの賛同を得ました。

二〇〇〇年一二月に高知大学で交流集会を開催した時、「第一回集会」とは銘打ちませんでした。その都度異なる地域で「世話人」（実行委員会）を立ち上げて行うこの集会を毎年開催するという方針と決意を、当時持ち合わせていなかったからです。

それが二〇年間も継続して開催されてきたことは、まことに驚くべきことであり、毎年各地で集会の開催のために尽力された世話人（実行委員）の皆さまと参加者の皆さまに、あらためて感謝と敬意を表します。

ご存知の方は少ないかもしれませんが、二〇一〇年一〇月に同時代社から、浦野東洋一・神山正弘・三上昭彦／編で『開かれた学校づくりの実践と理論――全国交流集会一〇年の歩みをふりかえる』を出版しています。Ⅰ期一〇年を総括する本でした。

この前例に倣い、来年二〇二〇年に、その後のⅡ期一〇年を総括する本を刊行し、記録として残したいと考えます。勝野正章さん、中田康彦さん、宮下与兵衛さんあたりに編集委員をお願いすることになろうかと思いますが、いかがでしょうか。

以後、多くの方のご協力を得て編集作業が進められ、本書の出版に至った。

ところで「開かれた学校づくり」とは、教職員、子ども、保護者、住民に対して学校を開くことであり、それらの人々の「学校参加」を実現することであるから、「開かれた学校づくり」は「参加と共同の学校づくり」と同義であるといってよい。

Ⅰ期を振り返ってみると、呼称はともかく長野県辰野高校の「三者協議会」型の開かれた学校づくりが普及した時期であった。その背後には、一九八九年の「子どもの権利条約」の国連総会採択、一九九四年の日本による批准があり、そのなかでとりわけ「子どもの意見表明権」（第一二条）を保障しようという教職員の意識の覚醒があったと考えられる。

しかしながら、一九九〇年代から日本の国家政策の基本に、あらゆる分野に競争原理を持ち込む「新自由主義」がもちこまれた。この政策を実現するためには強力な国家権力を必要とすることから「新国家主義」がセットで持ち込まれ、民主主義、立憲主義が危機に直面することになった。教育界でいえば、二〇〇六年の教育基本法の全面改定がその結節点であった。

これらの政策が徐々に学校現場に浸透した結果、Ⅱ期では「三者協議会」型の取り組みが行き詰まる面がみられた。他方で、国民生活の「格差」が著しく拡大したⅡ期では、取り組みが教育福祉の視点を含む「インクルーシブ教育の支援」「子どもの居場所づくり」「無償学習塾」「子ども食堂」などに拡大していった。「参加と共同による地域づくり、教育づくり」である。

ちなみに今次高知集会の分科会構成は、①「開かれた学校づくり」と子ども・保護者の学校参加、②地域の課題と学校、③子どもの居場所・健康・そして学校、④発達障害の子どもへの理解と支援～多様性を認め合える学校をめざして～、⑤小さな学校と地域づくり～学校統廃合を考える

〜、⑥つなごう！　語り合おう！　障害児教育の未来、であった。〔今次高知集会の様子については、野村幸司「『土佐の教育改革』のいま」（『教育』二〇二〇年四月号）を参照されたい。〕

そして、今回の新型コロナ感染症の大流行は、格差拡大社会の過酷な現実を可視化し、格差拡大・自然破壊・地球温暖化・気候変動をもたらす資本主義の弊害についての認識を一般化させた。新型コロナ後の新しい政治や経済や社会や教育のあり方についての議論と探究が始まっている。

立憲主義に立脚して資本主義をコントロールする課題、新自由主義を是正する課題は、主権者である国民の待ったなしの政治的課題となった。未来の社会を担う子どもの意見表明権を保障し、学校参加、社会参加を実現する開かれた学校づくりは、シチズンシップ教育（学び）・主権者教育（学び）のすぐれた実践方法であり、いよいよ「本番が来た」といってよい。

本書は、第Ⅰ部の実践報告にとどまらず、第Ⅱ部に理論編をおいて、こうした現状を分析し、国際的な視野をふくめ「教育改革」と「開かれた学校づくり」の課題と展望を示すことを目指している。

本書が前著と同じく多くの人々に読まれることを願っている。

新型コロナ災禍などの事情から出版が遅れたことをお詫び申し上げる。

二〇二一年一月二〇日・記

校則、授業を変える生徒たち　開かれた学校づくりの実践と研究
——全国交流集会Ⅱ期10年をふりかえる

目　次

第Ⅱ部　研究編

第Ⅲ部　資料編

第I部

実践編

第1章　生徒の学校運営参加と地域づくり参加の実践の意義

宮下与兵衛
（東京都立大学特任教授）

一　はじめに

日本の学校のイメージは低下し続けてきた。教師の仕事や校則などに対して「ブラック」とレッテルが張られるようになり、また相変わらず「閉鎖的」というイメージがある。文部科学省（以下、文科省）は「開かれた学校の推進」を提唱し、学校評議員制度や学校運営協議会制度、学校支援地域本部、保護者や地域がかかわった学校評価などを制度化してきた。日本教育学会会長の広田照幸はこうした学校改革は「保護者や地域との関係の改善や緊密化という点では効果が見られる。理解や協力が得られるという点では意義がある」としながら、「現状の諸制度は、参加民主主義の理念とは大きな距離がある。さまざまな考え方やアイデアがぶつかり合うような、民主主義的な議論や意思決定の場としては機能していない」[注1]としている。

筆者は大学で教職科目を担当しているが、教員免許はとっても教員にはならならない学生が多い。教員採用試験の倍率は低下し続けている。かつては、教員志望でない学生が教育実習に行って教員志望に変わるケースがあり、筆者自身もそうであった。しかし現在は、教育実習に行って教員志望を変更してしまうケースがある。そうした学生に理由を聞くと、「教師も生徒も疲れていてあまり明るくなく、母校の自由な雰囲気がなくなっていて、教育の仕事に魅力を感じなくなった」と話してくれる。筆者は毎年、教職科目の学外実習という授業で東京の私学・大東学園高校の三者協議会を見学させているが、「生徒が校則を変えてほしいと教師と討論している姿を見てびっくりした。こんな学校だったら教員になってもいいと思ったが、そうした学校はほとんどない」と多くの学生がレポートに書いている。広田が述べている「さまざまな考え方やアイデアがぶつかり合うような、民主主義的な議論や意思決定の場」として文科省の「開かれた学校」に欠けていたのは学校の主人公である生徒の参加がないからなのである。

この章では、学校運営や地域づくりへの生徒参加と教職員、保護者との協同で学校づくりをすすめている五校の「開かれた学校づくり」の実践を分析しながら、生徒の学校運営参加と地域づくり参加の実践の意義を明らかにすることで、現在の日本の学校の問題点と課題を考察していきたい。

二　管理と規律の学校から自治活動を育てる学校へ

(一) なぜ、管理と規律の教育が強化されてきたのか

この数年、「ブラック校則」が社会問題となり、さらに朝日新聞は二〇一七年、東京の都立高校の約六割（九八校）が生まれつきの髪かを見分けるために保護者のサインと捺印つきの「地毛証明書」を提出させていることを報道した。[注2]大阪の府立高校でも六割の高校が地毛証明書を提出させて頭髪検査をしており、一人の女子生徒が生まれつきの頭髪を黒く染めるように四日に一度のペースで指導されて髪も頭皮もボロボロになり、そして不登校になったと裁判に訴えた。[注3]

厳しい頭髪指導が全国の高校で増えており、そうした管理は頭髪指導ばかりでなく生徒指導全般に及んでいる。戦後最も大人しく素直ともいえる現在の高校生に対しなぜ管理が強化されているのか。背景には、二〇〇六年の新教育基本法に「国を愛する態度を養う」とともに「規律を重んずる」教育（第六条）が定められ、翌年文科省が「問題行動を起こす児童生徒」には「毅然とした指導を行うよう」通知し、さらに義家文科副大臣が奨励した「ゼロ・トレランス」（「寛容度ゼロ」という米国式生徒指導）と「スタンダード」（教師と生徒への生活統制）が広がっていることがある。東京都教育委員会は二〇一五年度から全都立高校で新しく策定した「生徒指導統一基準」というスタンダードに基づいた生徒指導を実施させている。[注4]

こうした管理と規律の教育が強化されてくるにつれ、校則のゆるやかだった「進学校」でもこの

数年で校則が厳しくなり、また生徒会活動についても規制が強まっている。

都立A高校では、赴任した校長が一年目の中学生への学校説明会で、突然「来年から制服にし、頭髪指導を行う」と発言。生徒会執行部の生徒たちは生徒会の総会を開こうとしたが校長が認めない。交渉の末になんとか生徒総会を開き、「校長の方針の撤回と生徒の学校生活に関わる重要な決定をする場合は生徒及び保護者への説明なしに決定、公表、実施をしないことを求める」ことを決議して申し入れを続けたが拒否された。[注5]その学校の教師の話では、この問題について職員会議で話し合って決めることも認められなかったという。このような高校が「生徒指導統一基準」策定以降増えており、東京都立大学でも教育実習から帰って来た学生たちが「実習初日に校長先生から、君たちがいた時の学校と同じだと思って実習しないようにと指導された。母校の自由さはなくなっていた」と何人もが述べている。

(二) 入間向陽高校の取り組み

右の都立A高校のように生徒会の自治的な取り組みを認めず生徒の声を無視するという在り方とは異なり、学校自己評価システムへの生徒参加を教育行政として認め学校活性化に活用しているのが埼玉県教育委員会である。本書で報告されているように、「自己評価の結果を踏まえた意見交換等を通じて評価を行い、学校の自律的改善を図る」ことを目的とした「学校評価懇話会」の設置によって高校生を「開かれた学校づくり」の主体として県の教育行政が位置づけたのは、一九九七年の高知県教育委員会の「土佐の教育改革」以来のことであった。

埼玉県立入間向陽高校の学校評価懇話会である「向陽高校をよくする会」の報告からは、それが「時間や回数をかけて生徒の声、思いを傾聴し、教師の意図を丁寧に説明する場」となり、「生徒も教師も抵抗なく参加して率直な意見交換」できるようになり、「相互理解をふまえた協働に向けて双方が努力する」ことが可能になっていったということである。また、「よくする会」への生徒会参加によって「何事にも協力して取り組む」「協力し合える人間関係の構築」という生徒集団づくりが発展してきているという。学校の活性化は生徒に対する「管理と規律の学校づくり」ではなく、そうした生徒参加による「開かれた学校づくり」によって推進できるといえるのではないか。

三　校長権限強化の学校から民主主義的学校運営の学校へ

(一)　学校の主権者は誰なのか

二〇二〇年三月に東京都議会である議員が「なぜ、校則で頭髪のツーブロックは禁止されているのか」と質問し、「外見等が原因で事件や事故に遭うケースがあるため、生徒を守る趣旨から定めている」と東京都教育長が答弁したことで、その後「ツーブロックだとトラブルに巻き込まれるのか」とツイッターで若者の声が飛び交った。私はこのニュース報道を見ていて、都教育長が「校則は校長が決めています」と答弁したことに最も違和感を覚えた。

二〇〇〇年の学校教育法施行規則改正で、校長権限が強化されて職員会議は「校長の補助機関」とされ、さらに東京都教育委員会（以下、都教委）は二〇〇六年に職員会議で教職員の意思を挙手や採決で確認することを禁止した。文科省も二〇一四年に都教委と同じ内容の通知を出し、翌年にはそれが守られているかどうかの全国調査を実施して守っていない学校には是正させた。こうして職員会議で教職員が自由に議論して決定していくことがなくなっていき、校則を含む学校運営のすべては「校長が決める」という現状になってきているのである。

私が違和感を覚えたのは、本書のタイトルである「校則、授業を変える生徒たち」の姿を二〇一九年にアメリカ・シカゴの四つの高校で見ていたからである。また、本書で紹介されているフランスやドイツの学校運営への生徒参加の制度を知っていたからである。学校運営を教職員の話し合いで決めることすらできず、ましてや生徒たちが学校運営に参加することなど考えようもないという日本の学校のあり方こそ世界の民主主義国家では前世紀のあり方なのである。

(二) 奈半利中学校の取り組み

校長権限強化による学校運営の考え方は学校の主権者は校長のみであるという「特別権力関係論[注6]」といえる。この考えに対して高知県奈半利町立奈半利中学校の三者会の考え方は本書で大谷前校長が書いているように「教師、生徒、保護者は学校の主権者であり、対等の発言権、議決権を持っている」というものである。三者が「改善要求書」を作成して話し合い、三者で合意されたことは次年度の学校運営で実施する、そのための協議機関としている。この考え方は世界の民主主義国家で実施されている学校運営の考え方と同じものである。[注7] 奈半利中学校の『奈半利中学二〇年の歩み』をまとめた大谷が述べている「子どもは未熟だけれども、一人の人格をもった人間として認め、保護者や教職員と対等である」という考えの奈半利中学校で「民主主義を学校のなかで学んでいける」生徒たちが卒業後に「なんて奈半利中学校は居心地のいい学校なのだろう。自分たちの思いや意見要求を聞き、受け止めてくれる。自分たちの学校っていう気がする」と胸を張って言っているという姿と、前記の「母校の自由さはなくなっていた」という言葉とを比較すれば、あるべき学校の姿、教育のあり方が見えてくるのではないか。筆者は二〇二〇年二月八日に奈半利中学校第二二回三者会を傍聴したが、議長も堂々と生徒が務めていて、議論して生徒会の要求に教職員が合意し決定していく姿を見て、そのことを実感した。

四　子どもの権利条約を知らない子どもから権利を行使できる子どもへ

(一)　学校で教えていない子どもの権利条約

子どもの学校運営への参加の権利については、「子どもの権利条約」第一二条「意見表明権」に明記されている。「締約国は、自己の見解をまとめる力のある子どもに、その子どもに影響を与えるすべての事柄について、自由に自己の見解を表明する権利を確保する。その際、子どもの見解が、その年齢および成熟に従い、正当に重視される。」そして、国連子どもの権利委員会は、日本では、子どもに関することを決める時に、「学校その他の施設において、方針を決定するための会議、委員会その他の会合に、子どもが継続的かつ全面的に参加すること」を保障して、意見を聞いて決めることをしていないとして、「確保すること」と日本政府に勧告をしてきている。[注8]「子どもに関すること」とは、学校では校則や教育課程や施設・設備などすべてである。

この子どもの権利については、批准国である日本の政府、文科省、教育委員会が学校、教師に伝えていないために学校現場では知らない教師が多い。

筆者は公立と私立の二つの大学の教職課程の授業で学生に「子どもの権利条約」についてのアンケートをとってきた。次がその結果である。公立大学は三年間分（二〇一六年〜二〇一八年）の五〇人への調査によるもので、私立大学は五年間分（二〇一四年〜二〇一八年）の二八二人への調査によるものである。

1、質問「子どもの権利条約」を学校で教えてもらいましたか。

①　ア　教えてもらっていない　　イ　中学で教えてもらった　　ウ　高校で教えてもらった

②　ア　名称だけ教えてもらった　　イ　内容も教えてもらった

2、結果

公立大学（五〇人）

ア　教えてもらっていない　　二六人（五二％）
イ　名称だけ教えてもらった　一三人（二六％）
ウ　内容も教えてもらった　　一一人（二二％）（中学で四人、中高で一人、高校で六人）

私立大学（二八二人）
ア　教えてもらっていない　一九八人（七〇・二％）
イ　名称だけ教えてもらった　五五人（一九・五％）
ウ　内容も教えてもらった　二九人（一〇・三％）（中学で八人、中高で六人、高校で一五人）

このアンケート結果から分かるのは以下のことである。①「子どもの権利条約」について全く知らない子どもたちが五〇～七〇％いる。②教えてもらった子どもたちも、内容まで教えてもらっているのは、一〇～二〇％しかいない。③「内容も教えてもらった」と答えた、その内容は「教育を受ける権利」と書いた学生がほとんどで、「意見表明権」や「結社・集会の自由」「表現・情報の自由」「思想・良心・宗教の自由」「虐待・放任からの保護」「休息・余暇・遊び、文化的・芸術的生活への参加」「性的搾取からの保護」「障害児の権利」などについては学んでいない。

ここから、日本の子どもたちは子どもの権利をほとんど知らない子どもたちであるという実態が分かる。権利を知らないものは権利を行使することはできないのであり、教育の責任が問われていると考える。

(二) 大東学園高校の取り組み

東京の私立大東学園高校の三者協議会は、三者による事務局会議(毎月)、三者交流会(五月)・二者懇談会(七月)・三者懇談会(七月)・三者協議会(一一月)・地域交流懇談会(一月)という年間を通した活動を続けている。筆者は二〇一九年の一年間これらの会議を参与観察したが全国の三者協議会の中で最も活動的なものであることが分かった。学校は「生徒が主人公の学校」「三者の協同でつくる学校」と三者協議会を学校づくり・教育づくりの中心に位置づけている。

日本の学校で行われている三者協議会は決定機関ではなく、三者が合意したものを職員会議や校長が承認するものがほとんどである。三者協議会の場で結論を出しているのは私の知る範囲では、大東学園高校と奈半利中学校のみである。これは決定権を持つ欧米の学校評議会に近いものであり、ロジャー・ハートの「参画の梯子《はしご》」[注9]の最高段階(「子どもが主体的に取りかかり、大人と一緒に決定する」)に位置付けられ、子どもの権利条約の「意見表明権」を保障し、さらに協議民主主義における決定権も保障しているものといえる。本書での報告では紙数の関係で、女子トイレのサニタリーボックスの改善実現の取り組みと、生徒会と教師による授業改善の取り組みをカットせざるを得なかった。この後のシカゴの学校の報告で、生徒たちの要求ですべての女子トイレに生理用品の常備が実現した取り組みを報告したが、大東学園も生徒の要求で生理用品の自動販売機が女子トイレに設置されている。こうした要求は生徒にとって切実なものであるが、ほとんどの学校では生徒は要求を出せないので教職員が気づいていないのである。

「ブラック校則」や頭髪のツーブロック禁止などが社会問題となる中で、マスコミも「校則とは何か」、「校則はだれが決めるべきものか」という問題意識を持ち始め、二〇一九年からNHK[注10]や朝日新聞[注11]、東京新聞[注12]などが「生徒が校則づくりに参加する学校」として大東学園高校の取り組みを報道し、研究者から学校運営への生徒参加の意義が紹介された。

五 「社会は変わらない」という若者が主権者に育つ教育へ

(一) 新自由主義による若者の主権者意識の低下

日本の若者の主権者意識の低さが指摘されているが、福祉国家から新自由主義国家への転換で若者の主権者意識は世界的に低下した。一九八〇年代からイギリス、アメリカ、そして日本と新自由主義国家に転換されていき、また教育の中央集権化と競争原理の導入がすすめられた結果、若者のあいだに疎外感、ドロップアウト、シニシズムが広がり、若者の選挙の投票率が急落していった。「市場原理主義」と「競争と自己責任主義」で人間に「勝ち組」「負け組」のレッテルを張り、「福祉・教育の切り捨て」が「貧困と格差」を生み、多くの若者が「非正規・リストラ・ブラック職場」の中で生きていかなければならなくなったために、若者たちは孤立化し、内向きになり、社会に目を向けなくなっていった。[注13]

新自由主義政策を始めた英国の首相のサッチャーは「社会というようなものは存在しない。あるのは個々の男性と女性であり、そして家族である」と、『社会』を否定する新自由主義政策の本質を述べた。豊泉周治は若者たちに欠落してしまったのは、若者を承認し共同体に迎え入れる『社会』の存在であり、『アイデンティティの保護者としての社会制度』なのであるとして、新自由主義イデオロギーを背景とする社会政策・教育政策が、そうした『社会』の解体を推し進めるものであったと分析している。[注14] 子どもは「社会」（自由・平等・民主主義・協同・連帯・正義）という共同体の中で大人に育っていく青年期を過ごすのだが、「社会」がなくなった新自由主義世界では青年期のない若者となり、「大人になるより、子どものままでいたい」と思う大学生が増加していて（二〇〇七年には五六％）、「身近な人たちとなごやかな毎日を送る」ことを生活目標とする「身近で小さな幸せ」に内閉化する若者の傾向がある。[注15]

しかし、二〇一一年から世界の若者たちは社会問題、政治問題に対して立ち上がり始め、「オキュパイ運動」（米国）、二〇一四年の「ひまわり学生運動」（台湾）と「雨傘革命」（香港）、二〇一六～一七年の「キャンドル市民革命」（韓国）、そして現在の香港の自由と民主主義を守る運動など大学生中心に運動が続いている。

さらに高校生中心の運動も、二〇一八年にスウェーデンの高校生グレタ・トゥンベリさんの呼びかけた気候変動対策を求める「将来のための金曜日」行動がヨーロッパ各国の高校生・大学生に広がった。二〇一九年三月一五日には世界中で一〇〇万人以上の若者が行動に参加し、九月の国連行動では、世界一八五か国、六一〇〇か所で参加者は七〇〇〇万人をこえた。

一方日本の若者は、二〇一九年九月二〇日、東京では二八〇〇〇人、全国で五〇〇〇〇人が気候変動対策を求める行動に参加したが、海外と比較してわずかだった。その二〇一九年には、映画『大気の子』を一〇〇〇万人以上の子ども・若者が観ている。この映画は気候変動による大水害を描いていて、そのことに関心はあるといえる。それでは日本の若者は関心はあるが、行動しないということなのか。そして、新自由主義によって内向化したはずの世界の若者はなぜ社会問題で立ち上がり行動できているのか、日本の若者はなぜ行動できないのか。

(二) 関心があっても行動しない日本の若者

内閣府が五年ごとに実施している「世界青年意識調査」の二〇一四年発表の同調査[注16]では、日本の若者は五〇・一％が政治に『関心がある』(「非常に関心がある」九・五％＋「どちらかといえば関心がある」四〇・六％)とそれ以前の調査より低下しているが、それでも半数が「政治に関心がある」と回答している。また、日本の若者に、自国の社会に対する満足度を聞いたところ、『満足』と回答したのは三一・五％(「満足」二・八％＋「どちらかといえば満足」二八・七％)である。『不満』は五二・七％(「不満」一七・二％＋「どちらかといえば不満」三五・五％)で、『不満』とした若者は、「よい政治が行われていない」(五二・二％)、「正しいことが通らない」(四一・四％)、「若者の意見が反映されていない」(四〇・五％)をあげた割合が高い。

このように日本の若者の過半数は政治に関心があり、また「よい政治が行われていない」と考えている若者が多いのに投票に行く者は三〇％台（ＯＥＣＤ各国の若者の投票率の半分）しかいない。その原因を分析すると、同二〇一四年発表の調査での『社会をよりよくするため、私は社会における問題に関与したい』、『将来の国や地域の担い手として積極的に政策決定に参加したい』、『私の参加により、変えてほしい社会現象が少し変えられるかもしれない』と回答した日本の若者の割合が、それぞれ七ヵ国中もっとも低いという結果に関係していると考えられる。

「私の参加により、変えてほしい社会現象が少し変えられるかもしれない」という意見についてどのように考えるか、という質問に対して、一番肯定的なアメリカは「そう思う」一八・九％、「どちらかといえばそう思う」三四・〇％（計五二・九％）であり、続いて、ドイツ、イギリス、フランス、スウェーデン、韓国と続き、日本は最下位という結果である。

日本の若者は「そう思う」六・一％、「どちらかといえばそう思う」二四・一％（計三〇・二％）に対し、「そう思わない」二一・二％、「どちらかといえばそう思わない」二九・九％（計五一・一％）という回答で、否定的な回答が他国と比較して目立って多い。

(三)　なぜ、日本の若者は「自分の参加で政治・社会を変えられる」と思えないのか

筆者は公立と私立の二つの大学の教職科目の授業で学生に毎年六年間、中学・高校の授業、校則と生徒会活動についてアンケートで意識調査をしてきた。簡潔にその結果を述べると、多くの学生が学校の校則や授業などを「変えて欲しい」という改善要望をもっていたが、「要望を学校から聞

かれたことはない」し、「変わるものだと思ったことはない」という学生が大半である。また、「校則を少しでも変えたいと、生徒会役員になった」学生は、その多くが「要求は学校に拒否されて終わった。その理由説明もなかった」と答えていて、「挫折感だけ味わった」という学生も多い。ある学生は「学習性無力感が残っている。努力しても変わらないことを学んだ」と書いていた。「生徒会活動とは何か」という質問には、「高校では文化祭を行うためのもの」という答えが多く、自治的活動という答えはほとんどない。[注17]

　このように、日本の多くの子どもたちは高校までの学校生活の中で、要求を持つこと、要求を意見表明すること、生徒会で話し合い要求をまとめて学校に提出すること、学校と協議すること、合意できたら要求が実現することという子どもの権利条約に基づく民主主義のプロセスを経験することがほとんどない。そして、勇気をもって行動した生徒の多くが挫折し、「行動すれば変わる」のではなく、「行動しても変わらない」という経験をしてきているのである。これは、本書で紹介されているフランスやドイツ、またアメリカなどの学校で、生徒の学校運営や社会参加を通じて「行動すれば変わる」という体験をさせることで主権者・市民を育成しているのと大きく異なるものである。

(四) 山田高校の取り組み

名古屋市立山田高校では生徒会が要求を学校に出せる三者交流会を設置すると、生徒会は施設設備、行事、授業、服装などについての要望を毎年提出して教職員、保護者と話し合って実現していった。その一〇年間にわたる取り組みについての本書掲載の教職員の総括文では、「生徒たちは、公の場できちんと意見を発信すれば、自分たちの要望をしっかりと受け止めてもらえる経験をし」、「そこにやりがいと喜びを感じ、学校という組織の一員としての意識が芽生え、生徒目線で真剣に考えることができるようになった」、そして「母校への愛情や教員への信頼も厚くなり」「生徒たちは意見を発信することができるようになり」とされている。この成長・発達こそ現代の日本で求められている子どもの主権者・市民への成長・発達である。こうした取り組みを広げていこうと二〇一六年から毎年開催されている「開かれた学校づくり」あいち交流集会は「子どもたちは、学校で、平和や民主主義、基本的人権について学ぶだけでなく、おとなと力を合わせて、これらを学校さらに地域に実現していくことができる可能性を十分持っている」として「『開かれた学校づくり』を、子どもたちを社会の主権者として育てる」という視点でとらえていると報告されている。

(五)　地域活動や社会問題への参加によるシティズンシップ教育

アメリカでは学校内での銃乱射事件が毎年起きているが、二〇一八年二月に起きたアメリカ・フロリダ州の高校での銃乱射事件と、その直後のトランプ大統領の教職員に銃を携帯させるという政策に対して高校生が立ち上がり、三月一四日には全米で三〇〇〇校の高校生が授業を中断して黙とうし、銃規制を求めるデモを行い、さらに三月二四日には高校生たちの呼びかけた「命のための後進」にワシントンで八〇万人、全米では一〇〇万人が参加した。私はこうした行動ができる高校生たちがどのような教育を受けているのか強い関心があった。

二〇一九年三月にシカゴの高校四校を調査したのは、シカゴのあるイリノイ州では、民主主義的な市民性教育を推進する「イリノイ・デモクラシー・スクール」（二〇一八年度現在で州内の八三校が認証されている。シカゴ学区の学校では一二校が認証）を推進しているからで、イリノイ州では高校でcivics（公民科）を必修化していて、また生徒の学校運営参加、地域参加による民主主義教育、市民性教育を推進している。

シカゴ学区の民主主義教育・市民性教育実践の核となっている取り組みは次のようである。[注18]

① civics（公民科）　公民科（社会的な活動や組織を自主的に企画・運営できる人間の育成を目指した教育）が必修化されていて、この中でサービス・ラーニングも州規定で必修化されており、教室での学習のみならず、現実社会と交わる学習が求められている。

② service-learning（サービス・ラーニング：ＳＬ）＝地域・社会活動への参加

サービス・ラーニングは、民主主義を再生させることを目的として、コミュニティへの参加活動を通して学習し市民として成長させていく教育方法である。サービス・ラーニングはシカゴ学区の高校の場合、公民科ともう一科目で実施が必修となっている。

③ Student Voice Committee（ステューデント・ボイス・コミッティー）＝学校運営への参加

必置ではないが、現時点でおよそ九〇校中七五校（八割）の高校、小中は四〇〇校中四五校が導入している。実態は学校によりさまざまで、生徒会（student council、student government など名称は統一されていない）とは別組織の場合もあれば、統合されているケースもある。

次に述べるＬＳＣの生徒代表は代表一人のため、多くの生徒の声を学校運営に反映させていくものとして、また生徒たちの運動で要求を実現していくものとして機能している。

④ Local School Council（学校評議会：ＬＳＣ）＝学校運営への参加

シカゴ学校改革法（一九八九年）によりすべての公立学校に設置されている。保護者六人、住民二人、教職員三人、生徒一人で構成され、ここで校長選考、校長の評定、学校改善計画の承認、学校予算の承認などを行っている。代表はすべて公選で選ばれている。

シカゴの学校での取り組みの中の④は本書の第二部で紹介されているフランスやドイツの生徒参加と同じものであり、さらに③は生徒たちが学校に要求があるときクラスをまわって訴え、放課後は学校のロビーに集まって話し合い、要求を組織して学校に交渉して実現していくというものである。調査したジョーンズ・カレッジ・プレップ高校の副校長は「この取り組みは生徒のシティズンシップを向上させるので教師も推奨している」と述べていた。銃規制デモの時に生徒たちの要求に応じて学校を休校にしたことについて質問すると、副校長は「生徒たちは学校に授業を休業にして参加したいと要求し、学校はきちんと準備されていて安全面でも大丈夫と判断して、学校として参加した。生徒たちは各クラスをまわり説明し、九〇％の生徒が参加した。教職員も参加した。親

訪問した高校４校のうち、この銃規制デモのために学校を休校にしたのが２校、あとの２校は生徒の自主的参加を許可した。

（写真は生徒会新聞のホームページより）

たちは応援した。参加後、校内にタウン・ホール（語り合う場）ができ、他のテーマでも不定期で取り組みが続いている。」と答えてくれた。また、学校評議会について生徒のリーダーに質問すると、「LSC（学校評議会）で最近私たち生徒が要求して実現したことは、カリキュラムの改善で、LGBTなどについての性教育を増やしてほしい、外国語の導入を生徒の要望（生徒アンケートを生徒会がとり）で決めて欲しいと要求して実現しました。また、生理用品をトイレに常備して欲しいと要求して実現しました」と答えていた。さらに生徒たちに政治や社会への捉え方について聞くと、「政治には失望している。でも、だからこそこうして活動している。こうして自分たちの声を発し、社会に参加してい

くことは、自分たちの責務だと感じる。」と話してくれた。注19

やはりデモクラシー・スクールに認証されているキューリー・メトロ高校では、サービス・ラーニング・プロジェクトの生徒たちが、アメリカで起こっている子どもの人身売買事件への啓発を主題とした創作演劇を見せてくれた。この演劇を生徒や市民向けにさまざまな場所で上演して社会問題にアプローチしている。

アメリカの伝統的なシティズンシップ教育であるサービス・ラーニングは、子どもたちを地域に出してボランティア活動や地域づくり、社会問題解決などに取り組ませることによってシティズン（市民）に育てていくというものであり、銃規制デモや気候変動防止デモや人種差別反対デモなどへの生徒たちの参加を学校は積極的に支援している。

（六）粉河高校の取り組み

和歌山県立粉河高校のＫＯＫＯ塾の取り組みはアメリカのサービス・ラーニングとよく似たものである。粉河高校ではシカゴのデモクラシー・スクールの学校評議会と同じように三者協議会で学校運営への生徒参加を保障しながら、全校生徒がＫＯＫＯ塾の活動で地域づくりに参加して主権者意識と市民性を育んでいる。シカゴのサービス・ラーニングが地域づくり活動や社会問題解決の活動と授業での学びと結び付けられているように、ＫＯＫＯ塾の活動も地理、歴史、公民などの授業と結びついて主権者教育、市民性教育となる目的で取り組まれている。筆者は二〇一八年度のＫＯ

ＫＯ塾の生徒たちのスタート会議を見学し、担当の横出さんの案内でＫＯＫＯ塾の地域づくりの拠点である山崎邸や商店街を歩いて市民のみなさんの話を聞いたが、高校生と市民がまちづくりを通じて共にエンパワメントし合っていることが分かった。生徒の学校運営参加と地域づくり参加は、私が関わっていた長野県辰野高校でも二〇年にわたり取り組まれてきたが、両方の取り組みを実践しているのは全国的にもこの二校のみと思われる。

六　まとめ

以上の考察から、三者協議会などを通じて生徒が学校運営や地域づくりに参加することの意義は、①民主主義的な学校運営、つまり開かれた学校づくりになること、②子どもの権利条約を学校や教師が保障すること、③子どもにとっての主権者教育、シティズンシップ教育、民主主義教育になることであると考えられる。

しかし、そうした意義をもつ三者協議会などの生徒参加が広がらない原因には、①学校運営が校長権限の強化で民主主義的でなくなっていること、②管理と規律の教育によって生徒たちの自治的活動がますます制限されていること、③文科省や教育委員会に子どもの権利条約を学校で子どもたちに保障するという政策がなく、また管理職も一般教師も子どもの権利条約の意見表明権などについて理解していないこと、④多忙化によって教師が三者協議会などに時間をとられることを嫌うこ

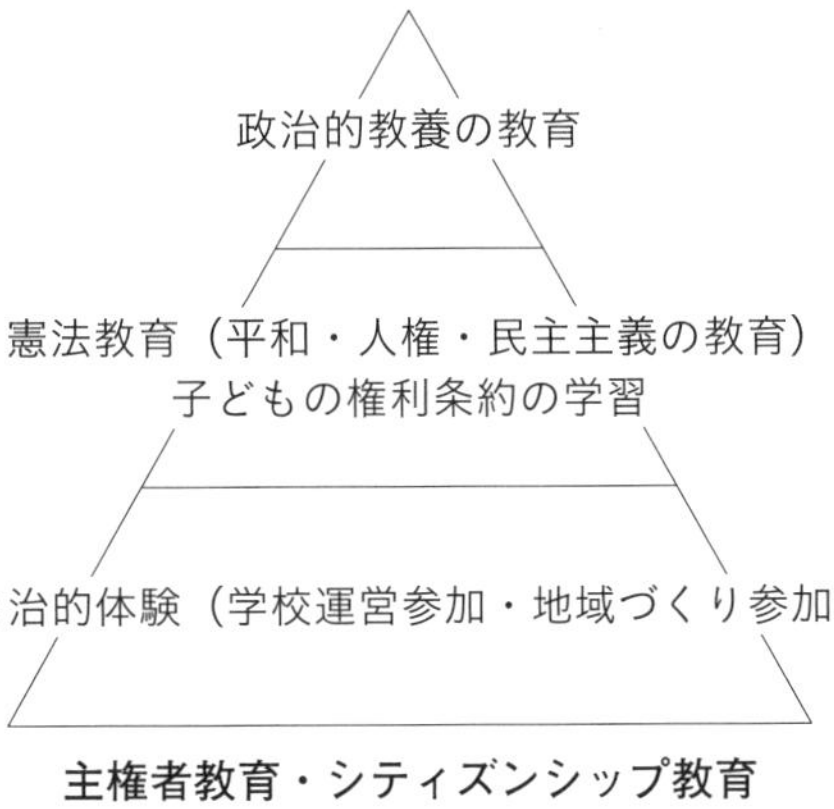

となどがある。このような原因はそのまま日本の学校の抱える問題点と課題であり、そうした問題点の解決こそ、「はじめに」で触れた広田が述べている「さまざまな考え方やアイデアがぶつかり合うような、民主主義的な議論や意思決定の場」としての生徒が参加し、教職員、保護者、地域住民との協同による学校づくりの場を構築していくことを可能にすると考える。

注

1　広田照幸『教育改革のやめ方　考える教師、頼れる行政のための視点』岩波書店、二〇一九年、一五〇～一五五頁
2　『朝日新聞』二〇一七年五月一五日付。
3　『毎日新聞』二〇一七年一〇月二七日付大阪夕刊。
4　宮下与兵衛「権利と民主主義を学び生きる学校へ」『教育』二〇一九年二月号。二七～二八頁。
5　『しんぶん赤旗』二〇一八年五月一四日付「校則のこと話し合おう　多様性認める社会　学校から」当時生徒会役員だった

大学生による報告

6　明治憲法下にドイツから輸入した行政法学理論で、学校においては校長と教職員の関係、校長と児童・生徒・保護者の関係は、一般法律を超えて、「包括的支配権をもち、その命令に服さなくてはならない」というもの。現在の文科省『生徒指導提要』でも「校長は校則などにより児童生徒を規律する包括的な権能をもつ」としている。ドイツでは生徒参加の合議制学校経営を制度化した時に学校における特別権力関係を撤廃した。

7　「校長権限強化による学校運営」か「協議民主主義による学校運営」かについては、宮下与兵衛『高校生の参加と共同による主権者教育』かもがわ出版、二〇一六年、第三章を参照。

8　日本政府への国連子どもの権利委員会の「第二回最終所見」（二〇〇四年）、「第三回最終所見」（二〇一〇年）、「第四・五回統合報告に関する最終所見」（二〇一九年）を参照。

9　ロジャー・ハート『子どもの参画　コミュニティづくりと身近な環境ケアへの参画のための理論と実際』IPA日本支部訳、萌文社、二〇〇〇年、四一～五〇頁

10　NHK・Eテレ「＃ジューダイ」二〇一九年一〇月二八日放送「みんなで考える！　校則＆ブラック校則」コメントは東京大学・勝野正章。

11　朝日新聞二〇一九年一二月二日夕刊「校則　誰が決める？　立ち上がる中高生」コメントは筆者。

12　東京新聞二〇二〇年八月二日「『?』な校則　みんなで変える　ツーブロックー生徒＋保護者＋学校　協議で解禁」コメントは筆者。

13　宮下与兵衛「一八歳選挙権と教育実践の課題――すべての生徒に主権者教育を」『一八歳選挙権時代の主権者教育を創る』教育科学研究会編、新日本出版社、二〇一六年、四九～五〇頁
14　豊泉周治「『自分らしさ』の迷宮を抜けるーいま、エリクソンを読み直す」『〈私〉をひらく社会学　若者のための社会学入門』大月書店、二〇一四年、九八～一〇〇頁
15　片桐新自『不安定社会の中の若者たち――大学生調査からみるこの20年』世界思想社、二〇〇九年
16　二〇一四年年内閣府発表の「我が国と諸外国の若者の意識に関する調査」で、日米英仏独韓スウェーデン（計七ヵ国）の一三歳から二九歳までの男女、各一〇〇〇人を対象に実施したもの。
17　宮下与兵衛「日本の若者の主権者意識と主権者教育の課題」日本学校教育学会編『学校教育研究』三四号、教育開発研究所、二〇一九年、四〇頁
18　資料は古田雄一（大阪国際大学短期大学部）による。
19　通訳は古田雄一（大阪国際大学短期大学部）による。
※本研究は、科研費「生徒参加による主権者教育に関する日米仏独の比較研究」の助成を受けたものです。

第2章　高知県奈半利町における「開かれた学校づくり」を振り返る

大谷　岩夫
（奈半利町立奈半利中学校・前校長）

はじめに

私は、土佐の教育改革第Ⅰ期（平成九年～一三年）の取組により、平成九年度に県内一三市町村（全五三市町村）に地域教育指導主事として派遣された一人だった。

私と奈半利町・奈半利中学校の関わりは、奈半利町教育委員会地域教育指導主事（平成九年～一二年）、奈半利中学校教頭（平成一三年～一七年）、奈半利中学校校長（平成二八年～三〇年）、奈半利町学校教育支援アドバイザー（令和元年～二年）、現在まで通算一四年間という長きに渡り勤務をすることになった。

このような関わりをもつ者として、奈半利町における教育改革の取組や奈半利中学校における「開かれた学校づくり（三者会）」の取組について、「地域を巻き込んだ活動」「三者が動かす学校運営」「校則の見直しと授業改善」の三点に焦点を当てながら、次の順序で振り返ってみることにする。

1　地域教育指導主事としての四年間
2　地域教育推進協議会の立ち上げ
（1）生活体験学校
（2）通学合宿の成果
3　子どもの意見、要求、提案によって地域を巻き込み、地域に変化をもたらした取り組み
（1）町内美化活動と国道花壇の植栽活動
（2）学園祭「奈中～夏の陣～」
4　奈半利中学校の「開かれた学校づくり（三者会）」の取り組み
（1）三者会の経緯
（2）第一回三者会
（3）服装生活規定の歴史
（4）授業・学習面に関する討議

（5）思い出に残る議題

5　まとめ

1　地域指導主事としての四年間

地域教育指導主事派遣制度は、全国初の制度としてスタートした。役割は多岐にわたり、主な内容としては、①「地域教育推進協議会」の設置及び運営、②学校・家庭・地域の協力信頼による「地域ぐるみ教育」の推進、③各学校における「開かれた学校づくり」の推進、④教育課題の把握及び解決に向けた取組の推進等々、学校・家庭・地域の連携協力体制づくりを進めるコーディネーター役、つなぎ役、連絡調整役等の役割を担っていた。

2　地域教育推進協議会の立ち上げ

子どもたちの教育は、学校・家庭・地域社会がそれぞれの役割を果たしながら相互に連携し、地域社会全体として取り組んでいくことが極めて重要であるということから、学校・家庭・地域の代表者がともに話し合える場づくりとして、また「地域ぐるみ教育」により、心豊かで生きる力を持った子どもたちの育成を図ることを目的に地域教育推進協議会を立ち上げた。

協議会において「今の子どもたちを取り巻く現状や課題は何なのか」を把握するために、アンケート調査を実施した。その後「現代の子どもたちを取り巻く現状を学校・家庭（家族）・地域社会の面から考え、今日的な課題を共通認識し、今後奈半利町として取組むべき方策を検討する」という目的で協議会での協議や地域教育推進講座を実施した。高知大学教育学部の池谷壽夫先生、千葉昌弘先生、神山正弘先生、柳田雅明先生に大変お世話になりました。

これらの協議会の取組や各委員、学校現場から多くの意見をいただき、奈半利町の教育に関する現状を把握し、課題が明確になり、解決方策を検討するために、協議・意見交換が行われた。

これまでの協議意見交換のなかで、喫緊の課題解決に向けた取組を振り返ってみる。

（1）生活体験学校

「不登校・登校拒否児童の増加」という大きな課題があった。

当時奈半利町では、奈半利小学校米ヶ岡分校が休校となっており、その学校等の利活用が、教委・役場内・議会等で検討されていた。分校跡地の利活用と本町の最も憂慮すべき課題「不登校、登校拒否児童生徒の増加」という課題解決を願って、不登校問題で大きな成果を上げている福岡県庄内町の通学合宿に習い、「通学合宿」の拠点施設としての利活用を提案し了承された。

子どもたちの課題解決に向けた取り組みとして、分校を「生活体験学校」として増改築し、子どもたち自身に自然体験、社会体験、生活体験を通して、仲間と切磋琢磨する機会やより良い人間関係づくりを学ぶ機会にすることで「心豊かで逞しく生きていける子ども」に成長してほしいと願った。

（2）通学合宿の成果

二〇〇〇年（平成一二年）をスタートに、この施設で子どもたちが自炊・共同生活を体験し、集団生活を通して、本当の意味で人が人として生きていくためにもっとも大切な「協力・信頼・思いやり」等の心の成長を培うことを目的に通学合宿を年間通して実施することになった。

この生活体験学校による「通学合宿」を多くの児童が体験するなかで、不登校児童の数が激減した嬉しい結果をもたらしてくれた。この取組は、子どもたちの心の充電になったり仲間づくりに繋がったりと登校のひとつのきっかけになったと考えている。今現在でも通年で取り組まれている。

3　子どもの意見、要求、提案によって地域を巻き込み、地域に変化をもたらした取り組み

（1）町内美化活動と国道花壇の植栽活動

奈半利中学校の第一回「三者会」（一九九九年二月一四日、後述するが「三者会」は生徒、教職員、保護者の協議機関）の議事次第の「開かれた学校づくりの取り組み方」という項目に、「保護

者からの提案」がある。

その内容が「地域との繋がりを大切にし、以前していた廃品回収のようなボランティア活動を他の団体とも連携を考えて何か取り組んでみてはどうか」というものだった。

この意見提案を受け代替え案として学校側が提案したのが「町内美化活動」①ゴミ・空き缶・瓶等の資源回収と一斉清掃　②公園や道路の草刈りと可能な場所への植栽であった。

この提案に対し、生徒は、全員一致で「賛成」となったことにびっくりするとともに、生徒・保護者の意欲を感じた。

最初は中学校独自で実施することにしていたが、集めたゴミの処理等の問題もあり、町の「町内一斉清掃と期日を合わせて出来ないか」という提案を生徒会が町役場住民課環境担当に投げかけた。その後、（役場・生徒・学校・教委）の四者で話し合いが行われた。町内一斉清掃は、六月第一日曜日（他市町村も同じく）と決まっていたが、その日は中学校の郡夏季大会（スポーツ大会）と重なっていることから、実施日を六月末か七月初めの日曜日にしてほしい旨を提案した。その提案を受け入れていただき、奈半利町は現在も他市町村とは異なる日に「町内一斉清掃・町内美化活動」を実施している。生徒の提案により、町を動かしたと言われた。

初年度は、空き缶・ゴミ拾いなど町内の清掃活動を実施した。ものすごい量の空き缶やゴミが集まった。中学生の自転車部隊が大活躍をし、住民の皆様からお褒めの言葉を多く頂いたことを覚えている。〈中学生が動けば、町が動く〉とまで言われた。

この清掃活動がきっかけとなり、ボランティア・サポートプログラム「ふれあい海道」～花いっぱい運動（国道花壇の植栽活動）へと発展していくことになった。ちなみに、この「ふれあい海道」という愛称は、奈半利中学校の生徒によって提案され、国土交通省に採用されたものである。

その当時よく耳にした言葉で「隣町は、花いっぱい。奈半利は、草いっぱい」という言葉があった。この言葉は、国道の緑地帯を指した言葉で、隣町（田野町）の国道花壇には、いつも綺麗な花があり、きちんと手入れがされていた。国道を通る人々は、季節の花々を見て心を和ませ癒やされていた。この言葉を知ってか知らずか、生徒たちから「国道緑地帯に花を植えて綺麗にしたい」という提案があった。

次の文章は、当時奈半利中学校の教頭であった私が、二〇〇四年に国土交通省からの依頼で書いた文章の一部である。

　校長が、建設省奈半利国道出張所へ行き、説明し承諾を得たところから、草と土との闘いが始まった。

　何年もの間、人の手が入っていない花壇。それは想像を絶するものがあった。表面の草は鎌で刈ればよいがなかなかの代物。草にも年季というものがあるのだろうか。なかなか年季の入った草ばかりだった。しかし、こちらは人海戦術、生徒教職員の頭数勝負。何とか年季の入った草との勝負には勝った。ひとまず今日の作業はおしまい。同じ目的・課題に向かってともに汗を流すという喜びを感じながらの勝利であった。日を改め、再度挑戦、だが大いなる敵は土の中にいた。何年もの間、人の手が入っていない花壇。表面はすっかり草刈りができた状態。花を植えるには、やっぱり土づくりが重要。当時の校長は剣道の達人。夏の炎天下、竹刀をつるはしに持ち替えて地面に一撃。「こりゃ硬い」と言いながら、しばらく汗だくになりながら格闘していたが、お手上げ状態。それもそのはず、チガヤの草の根がハビコリ、おまけに地面はガチガチに固まった状態の花壇であった。こりゃなんぼ力があっても、剣道の達人でも無理じゃ。と半ば諦めかけているところへ教育長（前町長）が登場した。校長先生がつるはしで花壇を耕している姿を通りすがりに見て、様子を見に来たのだと言う。しかし、服装は既に、タオルをベルトからぶら下げ、作業着であった。「奈半利は、草ぼうぼう（高知の方言　草がいっぱい）」という汚名を中学校が返上してくれゆう、という思いからの参加だ。いっしょにつるはしを持って地面を掘り返すがなかなかはかどらない。教育長は、一ヵ月前まで役場の建設課長をしていた。その時の血が騒いだのだろう。ちょっとその場から居なくなったと思ったら、役場から建設課の職員、教育委員会の職員、そしてユンボ（油圧ショベル）が来た。機械が入り、地域の人々の協力により、どんどん土が掘り返され、チガヤの根が引き抜かれていく。太陽は西にだんだんと傾いていくなかで、その光は赤みをおびキラキラとした汗を赤く映し出していた。今でもその光景は忘れることのできない光景として、まぶたに焼き付いている。見る見るうちに草の根が無くなり、花壇らしくなっていく。機械を操作している人が、「わしらぁも、ボランティアをして町のためになることをせなあいかん。そんな年齢《とし》になってきた」と言っていた。その言葉が印象に残っている。機械も無償で提供してくれて、土までも入れてくれた。何とも感動的なスタートとなった。

国道花壇の植栽は、一九九九年の夏以来、美化活動の一環で取り組んでいる。担当は、美化栽培部が行っている。学校全体では年二回の町内美化活動を行い、保護者や地域の方々と快い汗を流している。花壇の絵をかき、どんな花壇にするか、どんな花を植えるかなどと生徒といっしょに話し合ったりしている。作業をしていると「この花きれいなねぇ」「頑張っちゅうねぇ」などと地域の人が声をかけてくれる。暑い中での作業も頑張れる。そんな気持ちにしてくれる。

「草いっぱい」の時の花壇には、空き缶やタバコ、お菓子の袋など、ものすごい量のゴミが投げ捨てられていた。花壇がきれいになると、ゴミの投げ捨てはほとんどない。そこを通る人々の心に何らかの変化があったようだ。

今現在もこの国道花壇の植栽活動（年二回）は続いている。高知市から徳島市まで続く国道五五号線「ふれあい海道」沿線の人々が、花いっぱい運動を通し、心と心がふれあう活動が、今後も永遠に続き輪が広がることを願っている。

これらの活動は、今現在もいろんなアイディアのもと変化し発展しながら続いている。生徒会や美化栽培部が中心となり町内の公園や児童遊園等の草刈りを実施し、町内ゴミ拾いには、生徒の八〜九割参加している。また、朝の挨拶運動のときに国道のゴミ拾いも継続できている。

（２）学園祭「奈中〜夏の陣」：二〇〇一年（平成一三年度）提案

第四回「三者会」へ生徒から「学園祭をやりたい。してもらいたい」という提案があった。学校側の回答は「来年度当初からの綿密な計画が必要です。生徒全員がやりたいという気持ちであれば、生徒会（本部、文化学習部）と代表委員会（各クラスの代表委員で構成されている会）で話をし、方向性について話し合っていきましょう」という「継続討議」の提案であった。

生徒と校長のやり取り「本当にやりきれるか？」「夏の暑い中でしんどいぞ」等々が、記憶に残っている。でも「学園祭をやりたい」と提案した学年は、この年の三月に卒業したが、当時の二年生が三年生になり、見事にやりきってくれた。そのパワーたるやものすごかった。

次の文章は、二〇〇三年二月一〇日発行の『安芸郡市Ｐだより』に掲載されたものである。

はじめての学園祭――夏の陣

奈半利中学校では、毎年の学校行事の中に「体育大会」「文化活動発表会」などがある。それに加えて、二〇〇二年九月一日に、はじめての行事、「学園祭―夏の陣―」が開催された。

この催しについては、昨年度卒業した生徒たちから「学園祭をやりたい」という要望が出され、先生と話し合いがもたれた。準備・実行・後片付けなどに多大な作業時間がかかることや予算の問題があり、先生もなかなか首を縦に振らなかった。しかし、生徒たちの学園祭に対する意志は強く、昨年（二〇〇一年）二月の第四回三者会（生徒・先生・保護者）で話し合いの結果、本年度「学園祭」に取り組むことになった。

ＰＴＡも当初は、要望があれば準備や当日の販売など手伝うつもりだった。しかし、「生徒たちが主催の学園祭。自分たちで計画しやり遂げさせたい」という先生方の思いに、側面から支援することにした。生徒たちは、協力し知恵を出し合い苦労をしながらも乗り切り生き生きとみごとやり切った。

「夏の陣」によせて〜保護者〜

「学園祭をやりたい！」これは、卒業した先輩たちの大きな夢でした。昨今無気力で、楽なほうに流れやすい中学生が増えたと聞きますが、自分たちの手でイベントを作り上げたいという気概には感心させられました。

しかし、学園祭の計画から実行に至るまでには、多大な労力と時間を必要とし、対外的な交渉や、予算の捻出など、検討すべき課題は山ほどありました。それらの本当のしんどさを知っている先生方は「大丈夫か？　本気か？　やめたほうがいいぞ」とずいぶん心配してくださいました。

子どもたちの意志は固く、三者会でも話し合って、遂にゴーサインがでました。先輩たちは巣立っていき、新しい仲間を迎えて、今年度、学園祭が行われることになったのです。

「先生は一切手を貸さない」ということでしたが、子どもたちだけでできることには限界があります。屋台の骨組みにするための間伐材の切り出しや、保健所への届け出等、先生方は子どもの

「やる気」を大切にしながら、大人でなければできないことには、抜かりなく、さりげなく援助の手をさしのべてくださいました。暑い夏、子どもたちは、間伐材の皮をはぎ、屋台のメニューを考え、ステージでの出し物の練習に励みました。誰に言われるのでもなく、自分たちで考え、話し合い行動していったのです。

先輩たちの願いを引き継ぎ、自らの手でつくりあげた「学園祭～夏の陣」は、悪天候で順延された後、体育館での開催となりました。子どもたちは皆、生き生きと活動し、心から「夏の陣」を楽しんでいるように見えました。

子どもたちの可能性を信じて、学園祭の開催を許可して下さり、夏休み返上で支援して下さった先生方に、心から感謝いたします。屋台は解体されて、技術棟に眠っていると聞きました。来年度、今度はグランドで屋台が見られることを願っています。お疲れ様でした。

※大谷岩夫教頭の感想

男子生徒と男の先生が山に入り、間伐材（屋台の骨組み）を切り出す作業は、辛いというより楽しかったという思いが残っている。

チェーンソーやノコギリで間伐材を二メートルの長さに切り、生徒の人海戦術で谷を超えて林道に揚げ軽トラに積む。学校に運んで女子生徒と女先生が皮を剥く。その数、何と二〇〇本。汗ダクダクになりながらの作業であったが、生徒は一生懸命動いた。感動だった。昼に全員で食べたカレーは、本当にうまかった。生徒・教職員が心を一に、同じ目的に向かって作業をする。何か嬉しかったなあ。

奈半利中学校が地域との結びつきを強めるようになったのは、右記の一九九九年（平成一一年度）から実施された町内美化活動・国道花壇の植栽活動と生徒の強い要望によって二〇〇一年（平成一三年度）から始まった学園祭「奈中～夏の陣」の二つの行事である。美化活動では、地元の老人会や婦人会にも協力を要請し、ＰＴＡや町役場と連携しながら生徒中心の活動になるよう配慮がなされている。〈中学生が動けば、町が動く〉

また、夏の陣の主役はあくまで生徒たちであるが、地域の方々は材料提供のバックアップや屋台チケットの購入など、生徒との交流を深めてくれている。〈中学生が動けば、地域が学校に流れて来る〉

これら二つの行事が、三者会の討議を経て始まり地域と学校を結びつけ、今現在も生徒が代々受け継ぎ変化発展をしている。

4　奈半利中学校の「開かれた学校づくり（三者会）」の取り組み

「私たちの奈半利中学校には三者会がある」と何人もの生徒が胸を張って言ってくれた。また、生徒会長のあいさつのなかで「自由ということは、私たちを信用してくれていることだと思います。また、私たち自身に責任があることだと思います」と成長した姿を見せてくれた。

この「共和制推進・三者会」の考え方は、「子どもは未熟だけれども一人ひとり人格をもった人間として認め、保護者や教職員と対等である」というものであり、奈半利中学校の教育活動の根底を流れている。当時のキーワードとしては、「自主・自立（自律）・権利・責任・義務」という言葉である。生徒が教師・保護者と対等の「学校の主権者」であると位置づけ、生徒が学校運営に参画することを権利として保障している。このことが、生徒の自立性（自律性）、自発性と創意を引き出すことにつながっている。三者は、「学校の主権者」であり、三者会では、対等の発言権、議決権を持っているという考え方である。

共和制推進要項には、「この取組は、将来的には生徒や保護者も可能な限り、学校経営や運営にまで参加して、それぞれの立場に応じた権利と責任を自覚し合い、三者にとって魅力的な学校を創造すること」というもので、生徒・保護者・教職員の三者が対等な立場で学校における様々な問題を解決していこうとする方向性を示したものである。その方法は、三者がそれぞれの立場で年一回「改善要求書」を作成し、三者で「合意されたことは、次年度の学校運営で実施する」とし、そのための協議機関として年に一度、三学期に「三者による直接討議」を開催するものである。〈討議し、合意をつくっていく〉

(1) 三者会への経緯

平成九年から始まる第Ⅰ期土佐の教育改革当時、学校は落ち着きを欠き、保護者の信頼も薄らいでいたようである。このような状況のなか、土佐の教育改革「開かれた学校づくり」が推進されるようになった。保護者、地域の思いや願い等がなかなか聞き取れない状況のなか、中学校では、毎年二回夏と冬に地区懇談会を行っていた。懇談の内容は、学校からの生徒の状況や説明、クラスの状況や部活動等においての懇談である。保護者の参加はあるものの、あまり質問や意見も出ない。保護者の本音の声や思いが学校に届かない現状があった。

そこで保護者や地域の声を聞く工夫、取組として地区懇談会は通常通り行い、「何か学校への意見や要求」については、学校側（教師）が会場を去り、保護者だけで話をしてもらい、話し合った内容についてノートに書いて翌日提出してもらうということにしてみた。保護者だけの地区懇については、結構話し合いが活発に行われ、質問、意見や要求等が書かれており、本音の声が学校に届くようになった。この方法のいいところは、誰が言ったのかが分からないところである。「親は、生徒（子）を人質に取られ本音が言えない」という声が忘れられない。

結果として、保護者の声が聞けたことは成果であった。しかしながら学校に届いた声に対し、どのように返していくか、返答方法が課題となった。

保護者同士であれば意見は出る。アンケート方式を採用したり、保護者同士で集まってもらうと、学校（教職員）や生徒への意見や要求を出すことができることに気づき、「改善要求書」を三者それぞれで話し合い、年一回三者で議論する方向へという考え方につながっていった。「開かれた学校づくり〜奈半利中学校　共和制推進要項〜」が作成され、「三者会」がスタートすることになった。

（2）第一回三者会

記念すべき第一回三者会は、一九九九年（平成一一年）二月一四日（日）奈半利中学校図書室において、生徒の代表（希望者含む）、学校（校長・教頭・生徒会担当）、保護者の計二七名と、教育委員二名が参集し、五時間余りの時間を費やし、三者の代表によりアンケート結果について熱心な討議が行われた。当時奈半利町地域教育指導主事であった私は、この記念すべき第一回三者会の司会を務めることになった。

第一回の三者会では、「生活・服装」といった討議内容が時間的にみて全体の四割と高かった。学校が方針を転換し、原則として生徒・保護者が合意すれば学校として認めることにした結果、頭髪＝自由、靴下＝自由、冬服の下に着こむもの＝自由、防寒具＝自由等、大幅な服装規定の見直しがあった。

意見要求を出した生徒たちにとって、今までこのような公の場で意見要求を出し、認められ、自分たちの思いが服装規定を変えることになるという経験はなかったと思う。私の目には、生徒たちが自分たちの力で服装規定の見直しを勝ち取ったように見えた。生徒たちのガッツポーズがその象徴だろう。

その後、「生活・服装」に関する討議内容は少なくなったが、世間の流行を受け「ズボン・ジャージの腰ばき」の問題が浮上し、議論になった。また、保護者からは、ジャージ登校も許可されたことに関し、「ジャージ登校はいかがなものか」「登下校時の制服着用は当然ではないか」「せっかく買った制服を着る機会が少なくなる」等々、時を過ぎれば議論が絶えない内容になることもあった。

これまでに許可、自由となった服装に関する規定では、女子のストレートパーマ、ワンポイントTシャツでの学校生活等も許可されている。

(3) 服装生活規定の歴史

① 靴下について

一九九六年度に三年生の女子の一部から「ルーズソックス」を認めてほしいという要求が起こった。当時すでに数名の女子は「ルーズソックス」を履いてきており、服装規定の靴下は白（ワンポイントは可）という規定に対して、教師の中でも賛否があった。極端に大きなものは運動時に不適当という意見があったものの、多くはファッション論議であった。

当時は三者会のシステムはなかったが、その準備に入りつつある時期であり、「ルーズソックス」について、現状と是非について生徒の話し合いを持つことになった。その結果、現在の規定を守れていないこと（形だけでなく色についても）、見た目が悪い、ファッションなら休日に楽しめばいいなどの意見が過半数であった。しかし、当時のルールを守っている生徒の中にも、肯定する生徒もいた。そこで、「現在の規定が守られたうえで」ということから、一ヵ月間自分たちで取り組んで、ルールが守れるなら「ルーズソックス」も認めてはどうかという教師提案が実施された。

結果は、一ヵ月間守ることができず、「ルーズソックス」は認められないということになった。その後、一九九七年度の三者会で靴下の色については「自由」ということが決定したが、形についてはその後もこの時の話し合いが生きている。なお、この時の話し合いは内容が「ルーズソックス」ということで、男子の関心が低かったことが印象に残っている。

②　頭髪について（Tシャツの件含む）

二〇〇〇年度の当初に癖毛を気にしてストレートパーマをかけてくる女子生徒がいたり、或いはパーマをかけてはいけないかという女子生徒からの相談があった。当時ストレートの髪が流行しており、一部ではファッションとして既にかけている生徒もいた。

三者会は年に一度の会ですぐには対応できないため、三者会の規定にもあるように、年度途中で対応できるように生徒会を中心に話し合いを持った。この時の話し合いは、ファッションのことよりも、個人の悩みを解決する手段として話し合われた。もっとも癖毛のことを気にしなければならないこと自体に問題があることも認識された。

このストレートパーマのことをきっかけに、男子の頭髪のことも話し合わされ、当時肩までつく長髪の生徒に問題の目が向けられた。生徒は見た目の問題があることを理由に、肩についたら切るという項目を起こした。さらに日常的なことの要求として、Ｔシャツを終日着られるように要求が出た。この要求は年に一度の三者会（三学期）では生徒が気づかないこともあるということで、ストレートパーマのことをきっかけに年度途中に要求を出させる機会を考えることにつながった。

この三件について、生徒会は保護者の過半数の賛成を得るために、全家庭にアンケートを実施した。生徒会は、配布から回収まで教師の協力は基本的にないことを前提に取り組んだ。その結果、八割程度の回収で、三つの項目が全て過半数の賛成を得、服装規定（二〇〇〇年中）の規定が年度途中で付け加えられることになった。

生活の問題では、「言葉の暴力、殴る蹴る暴力、体罰、いじめ、買い食い、遅刻、朝食（ダイエット等で朝食を抜く問題）、自転車の通学区域撤廃（全員自転車通学可）による自転車マナー、授業中の手紙のやり取り」等々につての議論があった。なかでも「いじめ」に関しては、「自分たちの学年や学校には（いじめ）はない」と言い切った時もあれば、「ある」と言った時もあった。その対応についても、三者会で議論になり多いなる成果につながった。

服装規定について「自由」を得て納得のなかで、第二〇回の三者会では、学校から生徒へ「靴の色を白基調にしてはどうか。また防寒着も派手な色じゃなく、黒・紺・茶などにしてはどうか」という提案意見が出された。以外にもすんなりと受け入れられ、白基調の靴に移行期間を設け次年度をまたぐが二学期からは白基調の靴を登下校時は使用することになった。防寒着も同じく可決された。今まで、赤や青、黄色といったカラフルな色の下駄箱が、二学期からは白基調の下駄箱に変わった。生徒たちも「奈半利中学で認められても世間では通用しないこともある。ＴＰＯを理解し、自制心や自律心を発揮する必要がある」といった考えのもとに、多くが賛成し、可決になったのだろう。しかし、自分たちの問題として受け止め解決に至ったことはすばらしいと思った。

（４）授業・学習面に関する討議

一方、「授業・学習面」に関する討議は、時間的にみて全体の三割以上を占めていた。「授業・学習」に関しては、生徒の「分かりたい」、先生・保護者の「分かってもらいたい」という思いのぶつかり合いの議論が多くあった。

そのなかで生徒の授業についての思いを教師が知る取り組みとして「授業評価システム（ふり返り表）」にいち早く取り組んだのも奈半利中学校である。この取組は、必然的なものであった。生徒から「もっと分かりやすく教えて」「進度が早過ぎる」「補習をして」等々と言われれば、自分の授業について生徒の気持ちを聞いてみる必要が出て来る。アンケートを整理し、アンケートに丁寧に応えることで、不満も少なくなり、より授業がスムーズに展開でき、理解度も増すことに繋がり、先生方の指導力の向上にも一役担っていた。

この「授業・学習面」に関する討議が五割を越す年もあった。やはり「分かりたい」「分かってもらいたい」という思いからの内容だ。議題として、分かり易い授業、総合学習、選択学習、分割授業、習熟度別授業、補習、授業態度、授業のスピード等が取り上げられた。

（5）思い出に残る議題

①「勉強しろ、勉強しろと言わないで」

生徒の代表が、保護者に対し、「顔を見るたんびに宿題したか、勉強したか　勉強しろと言わないでほしい」と意見要求を出した。保護者の代表が答弁をした。たまたま生徒代表と保護者の代表が親子であり、親子の会話が三者会の会場でのバトルとなったこともあった。「勉強せえ言うてもせんやんか」「勉強せえ、勉強せえ言うて言われたら、よけいにしたくなくならあや」というように家庭の状況を本音で言い合うこととなり大変なこともあった。しかし最後には、子に対する親の思いを保護者が伝え、納得した。

②「夏の陣を夜開催して、フォークダンスをしてみたい」

かつて夏の陣が始まった頃は、夕方開催で夜八時頃終了だった。夜のグランドでキャンプファイヤーを囲み、歌を歌たりフォークダンスをし、夏の陣の最後を盛り上げる工夫があった。しかしその後、昼間の開催となっていた。

夕方に開催していた当時の様子を聞いた生徒たちから「夏の陣を夜開催し、フォークダンスをしてみたい」という意見が学年の要求として出された。この議論には時間がかかり、継続討議となった。日を改めて、賛成派反対派の意見も出尽くし採決になった。何と一票差で「夜開催という経験をしてみよう」という結論に達した。

超えなければならないハードルがいくつもありながらも懸命に動く生徒、教職員の姿が嬉しくもあり、微笑ましくもあり脳裏に残っている。結果は雨天により、体育館で行われたが、辺りが暗くなって来た頃には、雨も上がり満月のお月さまが顔を出す天気となり、急遽グランドに集まり、フィナーレとしてキャンプファイヤーに火をつけ、フォークダンスを踊り締めくくった。フォークダンスは、アンコールもありみんな笑顔で、楽しそうに踊っていた。

その後の後片付けも手際よく、多くの保護者が残ってくれ、あっという間に片付けることができた。子どもたちは大いに満足した様子で親と一緒に帰っていった。

③「宿題は必要ですか」

学校から生徒に対し「宿題は必要ですか」と質問・提案が出された。

事前の各学年の協議では、全学年「学力をつけるため、学力が下がるから、提出も守って」等の理由から、「宿題はあった方がいい」という意見となった。

しかし、学校からは「叱らないと提出できない。生徒と先生の人間関係が悪くなる。宿題を放課後して部活に行けない生徒がいる。何ヵ月も溜まっている」等の現状が出された。本当に宿題は必要か？

議論をしていると一、二年生の意見が「必要ない」という意見に変わってきた。さすがに三年生は、受験も控え学習に対しての意識も高く「必要だ」と主張した。一、二年生の理由には「宿題がなくても、自己責任のもと、自己管理ができるから」「しんどい。面倒くさい」等の理由だ。この意見を受けて、保護者からは「大人になって、もっと勉強していたら良かったと思う」「大人になっても勉強をしなくてはならないですよ」「自分の子どもには苦労させたくない」「自由（自己管理）は、しんどいことです。力をつけるために宿題をやってほしい」「親としては絶対出してほしい。そこまでやりたくない理由を本音で聞きたい。面倒くさい、しんどいという答弁だが、家で何をするのか？　自学自習はどれくらいできているのか？　聞いてみたい」「宿題はその日の授業を振り返るためにあった方がいいと思います。自己責任という言葉が出ていましたが、皆さんは未成年です。責任は保護者のもとにあります。自分の子どもに苦労させたくないというのが親の気持ちです。宿題をなくしたら、やらない子は絶対にやらない。教師側にも学力をつける責任はあると思います」「先生方は宿題をなくして学力をどうつけていくつもりですか？　保障はあるのか？」等の意見が出された。一方、傍聴に来ていた大学生からは「～知識を身につける習慣は大切。より良い人生にするには、一定の学力はいると思う」

これらの思いや意見を受けて、各学年で話し合いが行われた。なかなか時間もかかったが、結論は、「宿題はあった方が良い」という意見に変わってきた。しかし「ない方が」と訴える生徒も少ない人数だが存在し、最終的には宿題を認める方向へと考えが導かれた。

学校から「皆さんの意見を聞いて、反対の生徒もいるようですが、宿題はこれからも出していきます。それから要求があったように宿題の内容、出し方は工夫していきます」という結論に達した。

その後、生徒たちの意識に変化があり、宿題の提出率もぐんと良くなった。

また先生方も宿題の一覧を作って、曜日によって重ならない工夫や間違った解答にどこがどのように間違っているか添削し返す努力を精一杯行い、授業とリンクさせ授業改善を行った。

当時一年生、一ヵ月後には二年生になる学年は、一年後の「全国学力状況調査」の結果で、全国平均を一〇ポイント以上、上回る成績を残した。宿題の議論から宿題の大切さを「納得」し、意識の変化が学力向上につながっているのではないかと実感した。

5　まとめ

「子どもは未熟だけれども、一人の人格をもった人間として認め、保護者や教職員と対等である」という考え方が奈半利中学校の根底を流れている。私自身教職生活の中で、この考え方で二十数年経つが、どの学校へ行っても最初はびっくりされるが、納得してもらえる。三者会とまではいかないが、生徒との二者会はお互いに理解し合えて学校経営・運営がスムーズにいくように思う。例えば、「夏季休業中に授業日を設定したい」と説明し、理解されればスムーズに日程変更ができるし、生徒も納得のなかで授業日に登校してくる。

世間一般には子どもの意見を一人前と扱わないような風潮があるようだが、それは克服しなければならないと思う。学校という教育の場でしっかりと自分の意見が言える、また相手の意見もしっかりと聞く。お互いに意見要求を出し合って結論を出し、運営に生かしていく。話し合いは手間や時間がかかるけれども、そうすることで、民主主義を学校のなかで学んでいけるのではないだろうか。

高校へ進学した生徒が「なんて奈半利中学校は居心地のいい学校なのだろう。自分たちの思いや意見要求を聞き、受け止めてくれる。自分たちの学校っていう気がする」「私たちの中学校には、三者会がある」「夏の陣がある」「ボランティア活動もいっぱいしている」と胸を張って言ってくれた。うれしい言葉だった。

最後に、これらの取組は、後発の、文科省の唱える「学校運営協議会」の考えにも通じるものである。予想もつかないことが起き変化する現状のなか、魅力的な価値のある学校を創造することは大変なことだ。しかし、それぞれが持つ強みを出し合い協力・連携し、総合したチーム力を発揮することで予想以上の好展開につながることは間違いない。

学校運営協議会や地域協働本部事業等にも絡むが、組織をコーディネートし、繋ぎ、調整等の役割を担う「地域教育指導主事」のような立場の先生の存在がこれから先に益々重要になってくると思う。

私どもの取り組みが何かの一助になれば幸いです。

第3章　一八年目の「三者協議会」　大東学園高等学校

原　健
（大東学園高等学校校長）

大東学園の「三者の取り組み」は今年で一八年目となりました。当初は年に二回の三者協議会が中心の取り組みでしたが、三者の取り組みは徐々に広がりを見せ、三者交流会や三者懇談会、地域交流懇談会などが加わり、今では一年間のサイクルがらせんを描きながら次年度に続く取り組みとなっています。生徒たちは各クラスの活動から学年代表委員会、各委員会、生徒会執行委員会での取り組み、保護者の会（大東学園では東和会といいます）もクラス活動、各学年委員会、各専門部、役員会……と生徒たちも保護者も通常の生徒会活動やＰＴＡ活動に加え、かなりのボリュームで三者の活動が加わっています。

もともとの生徒会活動の企画運営、保護者の活動の企画運営の他にたっぷりとそれと同じかそれ以上にかさばるこれらを、なんとか回しながら一八年目を迎えました。あらためて考えてみると、なんとか続けてこられたのは、それらを切り盛りするための仕組みとして「三者協議会事務局」の体制を整えてきたことが大きいと思います。三者の代表者が月に一回のペースで年間の三者の取り組みを企画運営する仕組みです。その事務局の活動を教職員側として支えるのが通称「ジム担」の先生たち＝校務分掌上の三者協事務局担当者です。教頭、教務部主任、生徒指導部主任、生徒会顧問団主任、東和会担当主任の五人がこれにあたります。これらの先生方は学校運営の中心である運営委員会のメンバーでもあります。その時々の三者の取り組みをリアルに伝えられるのはこのメンバーをおいて他にありません。この間の三者の取り組みについては後ほど「ジム担」それぞれの立場から語ってもらいます。

それにしても「三者の協同でつくる学校」を教育づくりの柱と据えて取り組みを続けられたのは、それが大東学園の創立の歴史、建学の精神と現在の教育目標「人間の尊厳を大切にする」とつながるものだからではないかと思います。

本校は今年で創立八八周年を迎えます。始めに大東学園の創立者・守屋東について簡単に紹介します。東は敬虔なキリスト教徒であり明治、大正、昭和と教育者・社会事業家として活動しました。下町の尋常小学校で代用教員として教育現場に関わり始めた東は、日露戦争戦費調達のあおりを受けた子どもたちの極度な貧困や恵まれない家庭事情に直面します。また、日露戦争後、貧困のために売春をせざるを得ない女性たちを保護、救済する活動にも取り組みました。また第一次世界大戦後には日本キリスト教矯風会から渡米し、世界平和と軍備縮小を求める日本婦人一万名の署名をアメリカのハーディング大統領に手渡しています。一九三二年、一五年戦争の真っただ中、東が四八歳のとき、障がい者に対する差別・抑圧がますます激しくなる時代背景の中、肢体不自由児のための学校「クリュッペルハイム東星学園」設立と同時に学校看護師や養護教員の養成所も創設しました。このように東は戦時下「富国強兵」の国是のもと差別・排除され犠牲になっていく子ども・女性・障がい者など社会的弱者の人権擁護と教育に力を尽くしました。アジア太平洋戦争開戦直後の一九四二年に大東高等女学校を創立し、戦後の学制改革により大東学園高等学校となりました。

その後、学園はいく度かの経営上の危機や学校運営上の危機を迎えますが、大東学園の建学の精神を支持し教育を支援してくださる内外の人々の力を得て乗り越えることができました。また、その都度、学校運営の仕組みを開かれたものとして民主化してきました。教育目標を「人間の尊厳を大切にする」と定め平和と人権、民主主義の教育を大切にしてきました。また中学生向けの学校説明会では大東学園は「生徒が主人公」の学校であり、それを実現するための大切な仕組みが「三者協議会」であると案内しています。「三者協議会」の取り組みのもたらすものの一つは、一人ひとりでは小さく感じられる力が、意見や考えが違ってもお互いの立場の違いを理解し合い、話し合いで乗り越え、人と人が繋がる事で実際に自分たちの生活空間を改善する体験から得る自己効力感です。これは現代的には「主権者教育」の課題ですが、本校の創立者である守屋東が力を尽くした教育づくりと社会変革の取り組みに通じるものであると感じます。

マニュアルのない「三者の協同による学校づくり」を手づくりですすめていくのは始めにも述べましたように、なかなか手間がかかります。その取り組みを続けてこられたのは、それが守屋東の建学の精神にも繋がるものであることが一つ。また、その後の学園の歴史から、大東学園にとってフェアで民主的な学校運営は私たち自身の矜持であり、「生徒が主人公」の学校として、そこに生徒やその保護者が参加することは当然の事と考えられる学校文化があるからではないかと思います。

私自身も校長に就く前の九年間を「ジム担」として関わってきた経験から、最後にもう一つ。なんとか途切れることなく継続できた最大の要因は三者での取り組みを常に公開してきた事だと思います。ありがたいことに大東学園の三者の取り組みに注目してくださる研究者の方々、大学生、大学院生、新聞社やテレビ局などの見学や取材の求めについては「三者協議会」自体はもちろん事務局会議、生徒会や東和会へのインタビューなど、できうる限り応じてきました。また「開かれた学校づくり」の一環として地域の方々にも地域交流懇談会をはじめとして常に参加していただき、新しい学校づくりの取り組みとして見ていただいています。みなさんから率直で忌憚のないご意見や感想をいただけることは、未熟な取り組みの次へのヒントにつながります。そして、たとえ一時的にでも注目していただき、この先どうなるのか……と期待していただいている事を、私たちは常々うっすらと感じているわけです。そのプレッシャーが継続のための原動力となっていることは否めない事実だったと考えます。

それでは続いてリアルな三者の取り組みを「ジム担」より報告いたします。はじめに二〇一八年度より三者協議会事務局長を務める市村先生より「三者の協同による学校づくりの日常化を目指して」として停滞気味な三者の取り組みの回復に向けた試みについて紹介します。次に教頭の佐々木先生より昨今にわかに注目をいただくようになった「ツーブロック」をめぐる取り組みについて紹介します。

三者の協同による学校づくりの日常化を目指して

三者協議会事務局長　市村　卓也

大東学園の三者協議会が一五年を超えた頃、ちょうどツーブロックの改定があった三年前頃から「ジム担」は大きな悩みに直面していました。一つは三者協全体の流れの形骸化です。毎年のように生徒会要求が実現されていく中で「要求づくり・要求実現」自体が目的化し、「三者の協同による学校づくり」の活動から「実現できる要求を模索する」活動に変質してきたのです。これにより要求づくりや学校づくりに対する意識のズレが大きくなり、一部の生徒・一部の保護者・一部の教職員のものになっているという実感すら広がってしまいました。また、近年は要求づくりの中心となるはずの生徒会執行部の入れ替わりが激しく、欠員も続いたために経験や引き継ぎ不足（そもそも三者協に一度も参加した事がない等）が目立つようになりました。

そこで「ジム担」は二〇一八年度を生徒会執行部（生徒会組織全体）の再編・再構築の期間と位置づけ、再び学校全体として「なぜ学ぶのか」という普遍の問いへと到達することを目標に掲げました。また、生徒間の温度差を改善するために、これまでのようなトップダウン型ではなく、代表委員会をはじめとした各委員会活動を中心として要求の掘り起こしを行い、それを執行部が吸い上げるボトムアップ型の要求づくりを意識して、より多くの生徒・保護者・教職員にとって三者の運動が日常化することを目指すことにしました。

最初の大きな変化は、二者懇談会の復活でした。かつては学期に一回のペースで実施されていた「生徒と教職員の二者懇談会」ですが、いつの頃からかその開催が学年の判断に委ねられるようになり、その結果、数年間二者懇談会は開かれることがありませんでした。教員だけでなく行事の準備に追われる生徒にとっても負担軽減になったという評価がある一方で、教員と対等に意見交流を行う機会が減少したことが、生徒会活動の弱体化につながったと分析しています。「話し合うことが楽しい」と思えない限り、三者の取り組みへの積極的かつ持続的な参加はありえない。このことに確信を持ち、「三者の協同」を「主権者の学び」として機能させるためには各学年の代表委員会活動と「ジム担」が密に連携をとっていく必要がありました。毎週一時間、時間割の中にジム担会議なるものが設定されていますが、それとは別に放課後に各学年の代表委員会指導担当教員を加えた「拡大事務局担当者会議」を定期的に設けて、学年の取り組みとの連携を図りました。その一つの成果が学年教員と各クラスのリーダー層が意見交流を行う二者懇談会の復活なのです。ここでの意見交流から生まれた一年生の意見が事務局会議を経て、七月の三者懇談会で論議され、この年の自動開閉式のサニタリーボックス設置の要求実現につながりました。このことは一年代表委員会の生徒の主体化を促進し、日常化への第一歩となりました。

二者懇談会の取り組みが全学年に再び拡がり、学年ごとの取り組みが生徒の要求の掘り起こしと代表委員の主体化に大きな役割を果たすようになりました。ジム担と学年との連携の重要性が増したことを受けて、二〇一九年度の会議時間割では「ジム担」会議に学年副主任（代表委員担当）を加えることとなりました。これを受けて事務局として三者協の指導方針に「学年団との連携」と「一人一人の教職員に心掛けて欲しいこと」を明記することにしました。

この指導方針を職員会議で確認し、「ジム担」は三者協事務局会議の担当であり、三者協の担当は全教職員であることを改めて訴えました。また事務局の方針に三者の取り組みは主権者教育の仕組みであることを明記し、参加する生徒・保護者にも単に要求実現のためのシステムではなく、教育活動を共につくっている認識に立ってもらうことを目指しました。

この新方針と新メンバーで迎えた二〇一九年度の活動でも新しい取り組みがありました。一年E組による「クラス全員参加」の取り組みです。三者の協同の一年間の取り組みには、いくつかの有志参加のイベントが存在します。

五月　三者交流会　新入生歓迎と三者協の学習・体験

六月　二者懇談会　学年ごとにテーマを設定し、生徒と教員が意見交流を行う
七月　三者懇談会　要求の掘り起こしのためにテーマを絞り三者で意見交流を行う
一〇月　二者懇談会　三者協にむけて要求や取り組みについて学年別に意見交流をする
一一月　三者協議会　三者から出た要求について協議を行い、結果を確認する

一年E組では、この五回のうち一回は必ず参加するということをクラスで決定し、四月のうちに誰がどこに参加するかを分担したのです。各イベントの後には生徒の感想や次の会に参加する人へのアドバイスなどをクラスにフィードバックし、クラス全体で三者協に携わっている実感をつくっていきました。これまでも「生徒全員が三者協を体験したほうがよい」という意見は何度もありましたが、実際にクラス全員を一年間の流れの中で関わらせる取り組みは初めてでした。この今までありそうでなかった新しい取り組みについては、三者懇談会での報告やニュース発行など、ことあるごとにスポットを当て学校全体に取り組みが広がるようにしました。この取り組みは、予想外の生徒が主体化されるなどの成果を残しました。一方で、一一月の三者協議会に参加した生徒が会に集中できず、担任に追い出されてしまうということも起こりました。この生徒は三者協に興味がなく、これまでの議論に一度も参加していませんでした。要求の内容も議論の過程も理解していないので、協議会が全くの他人事であり、全く面白くないものになってしまったのです。このことは三者の協同において「三者協当日」よりも「その他の三六四日」が重要であり、三者の協同による学校づくりの日常化の必要性を裏付ける出来事であったと考えています。

二〇一八～一九年度にかけて保護者の中にも変化が起こりました。目に見える変化としては月一回の事務局会議への参加人数の増加です。平日の午後五時からの開催ということもあり、これまでは多くても三名程度、毎回メンバーが入れ替わり、継続的に参加してくれる保護者はあまりいませんでした。しかし、二〇一九年度には継続的に一〇名の保護者が事務局会議に参加しました。会議への参加者が増えることで議題や流れを理解している保護者が増え、スムーズで、より「密」な連携が可能になってきました。この裏には事務局の新しい方針「主権者が育つ仕組みとして～」に呼応して、事務局会議への参加の呼びかけや教育的意義について、周囲に熱弁し、理解と協同の輪を広げた保護者の存在がありました。三者協議会は当日以外の関わりが大切であり、「生徒の成長」を一番に感じることができる「教育活動の最前線」であることを訴えてくれたのです。「大東学園に入学したからには親も三者協に関わらないのはもったいない」という認識が少しずつ保護者の間に浸透していきました。また、三者協への参加を促すのと同時に、三者協は「なんでも言える場」ではあるが、「保護者の文句の捌け口」ではなく、あくまでも「教育活動」であり、保護者は生徒の成長を考えた参加・発言をしていかなければならない、ということを保護者自身の言葉で伝えてくれたことも大きかったと感じています。

そしてついに、二〇一九年度三者協議会において歴史的な生徒の発言が生まれました。「大東には三者協をはじめとした全国から見てもすごい活動がたくさんある。大東の良いところをもっと全校生徒に知ってほしい。だから三者協のことを授業で扱って、全員が学べる機会を作ってほしい。」

2018年度の三者協議会の写真

ここまで日常化を図ってきた「ジム担」のメンバーにとっては、本当に嬉しい発言でした。

三者のリーダー層がそれぞれの立場から三者協を「教育活動」として意識したことが、それぞれの主体化だけでなく、「成長の実感」「日常化の重要性」「現状のもったいなさ」を共通認識として持つことにつながったのです。

二〇二〇年度の日常化のための新しい「仕掛け」は、新入生のオリエンテーションを利用した三者協学習です。これまでも四月初めのオリエンテーションで三者協の説明はありましたが、生徒会執行部が年間の流れについて簡単に説明する一〇分程度のものでした。これを一気に二時間くらいのプログラムに増やす計画です。「世界の主権者教育と大東の三者協」をテーマに講演を聞き、具体的な三者協の仕組みをジム担の教員が伝え、卒業生が三者協の魅力や実体験を語り、生徒会執行部が具体的に生徒一人一人にどのように関わって欲しいかを訴える。そして、各クラスに戻り、感想交流やクラスの話し合いのルールづくりなどをテーマに話し合いの練習をする。このようにたっぷりと時間を使って新入生に三者協のことを知ってもらおうと考えたのです。しかし、新型コロナ感染拡大の影響で実現することはできませんでした。五月の三者交流会も七月の三者懇談会も中止になってしまい、参加の機会は激減してしまいました。大東学園の三者協は三者の「密」こそが最大の特徴であり、唯一の方法でした。それが封じられた二〇二〇年度は、状況を逆手に取り、「実際に集うことなく、情報の発信や意見集約、周知・交流を行える方法の研究」を三者協事務局の方針に追加しました。この発信と交流の探究こそが「三者の協同による学校づくり」を「日常化」させるための探究テーマとなると確信しています。

大東学園の三者協議会は、それまでのカリキュラムに後から加えた「後付け」の教育活動として始まっているので、他の行事で忙しい生徒、教職員にとって「余計な仕事」という認識を生み出しやすい構造になっています。いまだにメインストリームとなり得ないカリキュラム上の仕組みが「日常化」を阻害する原因の一つです。今後、新しい教育課程づくりにおいて、「三者の協同による学校づくり」を中心に据え、実際に関わった生徒や保護者の要求にもある「三者協の授業化」をどのように実現していくかが教職員に求められています。

大東学園でツーブロックはどのように論議されたのか

教頭　佐々木　准

二〇二〇年七月、新聞やテレビの情報番組等で「都立高校の校則」が話題となりました。件の校則とは「ツーブロック禁止」。二〇一九年九月に東京都教育委員会が出した「人権尊重の理念に立った生活指導のあり方について」という通知について、「通知後の対応はどうだったか」「頭髪は人権尊重やアイデンティティーと深く結びついている（ため禁止するのはいかがなものか）」という視点で都議が質問したそうです。答弁に立った教育長の「外見等が原因で事件や事故に遭うケースなどがあるため、生徒を守る趣旨から定めている」という発言内容が大きな反響を呼びました。

大東学園の「三者協議会」は、このところ「ブラック校則解消の仕組み」としてメディアで取り上げられる機会が多くなりましたが、そもそもは「三者の協同による学校づくり」をすすめるために設置され、とりわけ学校生活の主人公である生徒の「学校づくりへの参加」「要求実現」に主眼を置いた協議会です。協議テーマの大枠は①施設・設備に関すること、②授業づくりに関すること、③規定（校則）に関すること、の三分野で構成されています。生徒が「学校生活の実感」「参加と表明の権利」に基づいて、「意見集約・調査」「報告・交渉」を重ねて、学校づくりを前進させる体験をする取り組みであり、単なるブラック校則を解消するための取り組みではないのです。

とはいえ、遡ること三年前の二〇一七年当時、話題の「ツーブロック禁止」が、本校でも協議項目になったことがあります。当時を思い返すと、大阪府で「生来の茶色い髪を黒染めするよう教諭らから何度も指導され精神的な苦痛を受けた」として府立高の女子生徒による賠償請求訴訟があり、さらには「ブラック校則」というワードもまだ生まれていなかった、と記憶しています。そんな時期にどのような議論があったのか、振り返ってみようと思います。

二〇一七　ツーブロック論議のはじまり

二〇一七年五月に開催された「三者交流会」では、グループ討論の時間を「模擬三者協議会」として、身だしなみ規定について参加者が思うことを自由に交流する、という時間が設定されました。この席上で、参加した生徒から「ツーブロックはなぜだめなのか」という意見が出されたことが記録に残っています。

この問題提起と、前年度アンケートで「髪型の自由化（髪染め・ワックス・ツーブロなど）」について意見集約を行ったという経緯も相まって、当時の生徒会執行部は六月の三者協議会アンケートで「規定にあるツーブロックの削除について意見を寄せてください」と、このテーマについて直接的に全校生徒の意見聴取を始めました。全校生徒の関心は高く「清潔感があるから削除でいいのではないか」「ツーブロにしている人は多いと思います」「夏は暑いからボリュームを減らしたい」「横の髪がジャマ」「奇抜な髪型にする人が出るのは心配」「髪型ぐらい自由でいいと思う」など視点はさまざまでしたが、大半の生徒は「規定の削除」を歓迎している傾向がみられました。

一一月の三者協議会に向けて月一回開かれている「三者協事務局会議（議題整理と協議会企画運営が主な任務）」でも話題となり続けます。ある日の事務局会議では、生徒会執行部から「六月のアンケートに寄せられた声」が紹介され、「正式な要求にすべきかどうか検討中である」との報告がありました。会議参加の保護者の方で、ご自身が美容師をされている方が生徒会の報告に対して「三者協議会での協議に向けて議題として取り上げて良いと思います。私は美容師をしているのですが、今やツーブロックは私たちが使う技術の一つです。規定を見ると、テクノカットや側面がツルツルの極端なツーブロックのイメージが強いのかと思います。生徒のみなさんは頑張って声を集めたらどうでしょうか？」と生徒を激励するという場面がありました。さらに「生来の髪の毛に対する配慮をするためにも規定を変える必要はあるのではないか」という視点も交流され、いよいよ規定変更（削除）向けての狼煙が上がります。

二〇一七　三者懇談会での意見交流

大東学園の「三者懇談会」は、懇談テーマについて三者がひざを突き合わせる形式は三者協議会と同じですが、参加者は個人の資格で自由に発言ができる「懇談」会です。二〇一七年も七月に開催され、「ツーブロック」について活発に意見交流がなされました（注：三者協議会は「協議し合意・確認」する場）。

生徒会Ａ：髪型については個々人で違いがあり、ボリュームのある人、清潔感がなく見える人など様々です。禁止の理由がまず分かりません。サイドを刈り上げてすっきりさせて清潔感を出せると思う人もいます。一方で「世間の目が」と思う人もいると思います。個人的な意見でいいので、みなさんはどう思うかを教えて欲しいです。

東和会Ｂ：保護者でツーブロックを推進しているＢです。〔大きな笑いと拍手〕変則的な髪型の例示として、今日は私自身がツーブロックにしてきました。〔さらに大きな笑いと拍手〕どうですか？　爽やかではありませんか？　大東学園では、男子生徒の肩までかかる長髪、刈り上げはＯＫのはずです。であれば、ツーブロックが禁止される理由が分かりません。娘の入学式でソフトモヒカンの学年主任や、ロン毛の学年副主任を目撃して眩暈を覚えたことを思いだします。〔大きな笑いと拍手〕でもいいじゃないですか。表現の範囲ではないですか？　ツーブロックは規定から削除。極端な変形かどうかは教員が判断すればいいと思います。私は生徒会を応援しています。

東和会Ｃ：私もツーブロック推奨派の一人です。夏場は暑くてもスッキリします。女性もいいと思いますよ。私も、髪の毛を被せていますが後ろを刈り上げています。〔大きな拍手〕

生徒会Ｄ：私はツーブロックの自由化は反対です。ツーブロにするくらいなら「切って来い」でいいです。そんなことで先生と揉めることはありません。

教職員Ｅ：私はツーブロ第一波の世代。その頃は極端な印象が強くて。昨今の成人式を見ると、流行は繰り返されるので、心配は心配です。

生徒会Ａ：流行は繰り返されるので心配ということに対して、そのラインを明確にすればいいのではないですか？

教職員Ｆ：「規定そのものが最小限になるように」これが三者協議会の精神です。生徒会の提案は積極的なものだと思います。ここで髪型をどう定めるかのルールの確認をしたいのですが、髪色と髪型は「教員が定めること」になっています。今後、生徒会は要求の論拠を明確にすべきです。生徒指導部でもツーブロック削除の議論も始めようと思います。

教職員G：学園生活の規定で定められている「ツーブロック」「変形」「極端」それぞれの定義をはっきりさせることが必要だと感じました。定義が生み出された経緯を明確にすれば、今後の話し合いで規定変更の道も見えてくるかも知れませんね。

このやり取りの中で生徒会執行部が優れていたのは「ツーブロックの一般的な現代の定義」をスライドで準備しプレゼンテーションしたことでした。「学園生活の規定」の制定が二〇〇三年であることに着目し、一四年前のツーブロックに対する社会的な認識と、二〇一七年現在の認識がいかに違ってきたかを浮き立たせようと試みたのです。時代とともに社会の認識が変わり、それに伴ってルールを変える条件が整うことを印象付けたことが、教職員の発言を引き出すに至ったのでした。

いよいよ正式要求化へ

三者懇談会の論議で後押しと手ごたえを感じた生徒会執行部は、正式に要求書に「ツーブロック項目の削除」を載せられるかを見極めるために、再度九月にアンケートを取ることに踏み切ります。自由記述欄には「清潔感・機能性がある」「過去に流行った髪型を禁止しただけなのでは？」

「ツーブロも普通の髪型」などの賛成意見、「そのうちだんだん変形していくのが目に見える」「雰囲気が悪く学生らしくない」「守れていないものを許可する必要がない」などの懸念や反対意見が寄せられましたが、賛否としては賛成七四六人（全体の八五％）、反対一二九人（全体の一五％）となりました。執行部は、生徒会の民意を背負って次のように要求化しました。

生徒会要求書より抜粋（二〇一七年）

九月の三者協議会アンケート結果を見ると、約八割の生徒が賛成していることがわかります。賛成意見では「ツーブロックは清潔感がある」や「機能性に優れ、夏は涼しい」という意見が出ました。また「アレンジ（おしゃれ）とは別に、髪にボリュームがある人はサイドがすっきりして良い印象を与える」「運動する人は髪が邪魔にならない」という意見も出ました。この意見をもとに生徒会執行部で話し合った結果、単に髪をアレンジするわけではなく、髪のボリュームがある人はツーブロックにして軽い印象を与え、暑いときは涼しく、運動するときは邪魔にならないなど、機能性があると判断しました。

以上のことから、生徒会執行部では、学園生活の規定の「指導方法」の項目にある「髪型ルールの㊀」の「ツーブロック」の削除を要求します。極端な場合の判断は教員にお任せします。

一一月二三日、三者協議会当日。いよいよ学校（教職員）側からの「回答」がされる日です。生徒会は再びプレゼンテーションを示し、少数意見にも触れながら最後の説明をおこないました。東和会からは、保護者の立場として押さえるべきポイントを示しつつ後押しがありました。

生徒会Ｉ：スクリーンでは現在一般的に認識されているツーブロックのイメージを見てもらいました。生徒の中にも「学校の印象が悪くなるのでは？」や「変形が心配」という声があがっているのは集計結果に示した通りです。しかし生徒会としては規定にある「髪型のルール③二．基準をはるかに超えている極端な状態の生徒はすぐに帰宅指導とします。」まで削除を求めているわけではありません。やはり極端な変形はいかついし、その判断は先生たちにお任せしたいと思っています。私たちとしては、昔の認識で決められた規定を見直して、禁止事項から「ツーブロック」を削除することをお願いしたいと思います。

東和会Ｊ：保護者内でツーブロについて議論してきたことを報告します。参考までに賛成、反対の意見をとりました。回答数は一六一名ですが、そのうちの七割が賛成です。その後、専門部会でも意見交換をしましたが、概ね賛成の意見です。ただし、生徒の皆さんの「拡大解釈」によるやり過ぎについては、防ぐための基準を定めてはどうかと思っています。

教員からの回答（二〇一七年）

生徒会の要求する身だしなみ指導のイ、髪型ルール①の「ツーブロック」を削除します。

私たちは「ツーブロック」という髪型の定義が多様で広範囲すぎて、見る人によって基準がかなり異なってしまい、基準として通用しなくなっていると判断しました。よって、頭髪基準から「ツーブロック」を削除します。ただし、規定の変更によって髪型が何でもありの状態になるわけではありません。また、髪型にとどまらず、現在の身だしなみの状態を、私たちは肯定しているわけではありません。身だしなみの基準が守られていない状態については継続の課題だと思っており、引き続き指導していきますし、議論していきたいと思っています。

司会者K：会場にいらっしゃる参加者の方から何か発言はありますか？

生徒会L：ツーブロの極端状態はどうやって決めますか？

教職員M：極端の基準を作るということは規定が増えるということになります。それは望んでいないし、考えていません。その都度、話し合いましょう。

参加と協同の学校づくりを目指して

大東学園では「基準を作るということは規定が増えること」として歓迎していません。ここには「学園生活の規定（いわゆる校則）」の「前文」に記されている「精神」が生かされています。前文には「教職員が責任をもって既定の原案作成や討議の推進をすること」「いつかは、三者でこの規定が全面的に改訂されることを願っていること」「そして将来は、規定そのものが最小限になるような学校を目指していくこと」と示され、現在まで尊重され、これからも継承されていくことでしょう。本校の「学園生活の規定」はその誕生時から、既に三者の参加と協同に基づいた「変革」が位置付けられているのです。

現行の規定から二項目を削除したことだけに焦点を当てるならば、それは「ブラック校則の解消のヒント」と言えるのかもしれません。しかしながら、削除の背景には、一般的には学校にいる大人（教員）が決めてしまえば済むことでも、生徒の主体的参加を求め、協議・協同する学校づくりをすすめる「主権者としての成長」を願う精神があります。三者協議会の仕組みを通じて、ルールにコントロールされる生徒ではなく、自分も他者も大切にする方法を考え、主体的に行動する主権者に成長してもらいたいと願っているのです。

三者の協同はセレモニーでもアリバイでもなく「生徒の学校参加・社会参加の仕掛け」です。そのため数字や項目で表されるような成果が見られない場合もあります。成果という観点では「停滞」しているように見えても、「うまくいかなさ」をみんなで振り返って頭をひねり合わせて、もがいている取り組みが絶えず流れていて、結果的には一ステップずつ深まっていく仕掛けなのです。すぐに成果を求めない、すぐに成果に結びつかないのが当たり前、筋書き通りを求めない、筋書き通りに進まないのが当たり前……そういうことを「人間の活動」と位置づけ、「短時間での成果が求められる風潮」「数字と序列で人をモノ化して差別を持ち込む風潮」の中でも、違う人間同士の協同を通じて、じっくり人格形成できるように裾野を広げていきたいと願う運動です。

三者協議会の存在により、多くの生徒には「学校は自分たちで変えられるもの」との認識までは醸成されていると思います。そこからさらに、「誰かに決めてもらえればいい」ではなく、学校や社会の一員として自己決定する「主体者としての力」を、生徒一人ひとりにさらに育んでいきたいと考えています。

自分は無力だからと諦めるのではなく、自分も他者も大切にしながら正しい方向に変えていく……問題意識がめばえ、要求を探し束ね、その活動の中で所属集団の温度差に葛藤しながらも、立場の違いを乗り越えて協同できる連帯感に歓喜するなど……「数々の波風」を乗り越える取り組み全てがその人間集団の成長となるのではないでしょうか。そこに集う老壮青の人間集団の独自性・主体性・社会性が試されています。

二〇一九年度の活動をふり返って

生徒会長　倉澤　夏樹

学校生活を送る中で、施設・設備や校則に不満を感じている生徒も多いと思います。そんな生徒の不満の声を学校の改善につなげていく、大東学園の「三者協議会」は素晴らしい仕組みです。私が在校中にも自動開閉式のサニタリーボックスの設置や髪形のツーブロックの解禁などが実現しました。二〇一九年度は「授業改革大作戦（ＪＫＤ）」を生徒会の年間方針に盛り込み、話し合いを重ねてきました。三者での話し合いの結果、要求が通らないこともあります。また、要求の実現のために何年もかかることもあり、自分たちの代で見届けられないこともあります。そうなると自分のためというより後輩たちのため、より良い学校づくりのためということになります。

自分としてはこの活動を通じて「多面的」に物事を考える力が身についたと思います。はじめは生徒としての立場しか考えられませんでしたが、保護者の立場、先生の立場からの意見を聞くことで、違う立場からの考えも自分のこととして考えみることができるようになりました。立場や考え、意見の違う人の身になって考えることができるようになったことが大きいです。

動画：五分でわかる『大東学園の三者協議会』

以下のＱＲコードから大東学園のホームページへおこし下さい。

二〇一九年一一月二三日に行われた第三〇回「三者協議会」の様子をまとめた動画をご覧いただけます。

第４章　主権者教育を踏まえた開かれた学校づくりの取り組み

松林　隆幸
（名古屋市立桜台高校）

一　はじめに

東京、大阪をはじめ、全国各地で「教員評価制度」が施行されるなか、名古屋市でも二〇〇四年に「教員評価に関する調査研究会議」が発足し、その導入に向けた検討が始まることになった。もし「評価が教員の処遇にも反映」といったことになれば、「教員の良さ」が失われる。しかし、「能力・業績主義的評価制度」に単に反対と言っているだけで済む時代ではない。「ではどうしたら」と、展望が持てないでいた時に出会ったのが北海道立白老東高校をはじめとする「三者協議会」であった。生徒・保護者と教職員が率直な意見交換を行い、生徒の声や保護者の願いを取り込むことを出発点とした「学校づくり」は、一方が評価者、もう一方が被評価者、という固定的関係で行われるものではなく、双方向で意見交換し、話し合いながら進めるものであった。生徒、保護者、教職員が、お互いがお互いに働きかけるという点で、教育の本質にかなったものであると感じた。

二　「山田高校のより良い学校づくりをめざす生徒・保護者・教職員による意見交流会」　名古屋市立山田高校

名古屋市立山田高校（以下山田高校）は、一九七八年に開校した名古屋市の西北の端に位置する全日制普通科高校である。二〇〇四年度高校入試で定員割れを起こしたことを受けて、地域に愛される学校を目指し、「命（全校生徒にＡＥＤ講習・赤ちゃんとのふれあい交流授業）・心（カウンセリングルームの充実・朝読書）・環境（校外清掃・学校の北を流れる新川の水質調査）」を柱とする「若竹プジェクト」を立ち上げた。二〇〇六年度の卒業生の進路先は、大学・短大六〇％、専門学校二五％、就職等一五％と、進路多様校の様子であった。また、大学・短大進学者におけるＡＯ・推薦入試等の利用者は年々増加し、その割合は六〇％を超えていた。

１　ビジョン委員会

「若竹プロジェクト」が軌道に乗るなか、二〇一三年度入学生から始まる新教育課程を見据えて、二

○○七年度に「ビジョン委員会」を設置し、生徒の実態をふまえながら、教育諸活動について総合的に検証・見直しを行い、山田高校の将来構想を立てる取り組みを始めた。当時生徒会顧問だった私も、ビジョン委員会の一員としてその議論に参加した。ビジョン委員会では、育てたい生徒像の第一として「社会人として、また生活者として必要とされる基本的な知識や技術を身に付ける完成教育を目指す」ことを確認。私はその一つの手立てとして、「三者協議会」の開催を提案した。その理由として、

・教職員も含めて、生徒、保護者も主体的に学校のことを考えることで、責任をもった行動が出来るようになる。
・双方向での意見交換の場を設定することで、互いの理解が深まる。
・保護者を含めることで、教職員・生徒の関係とは別の立場の大人の視点が入ることになり、学校がスムーズに回るようになることが期待できる。
・現在学校に課せられている「学校評価」を、意味ある形で実施できる。

の四点をあげた。

検討を重ねた結果、いきなり三者協議会を開催するのはハードルが高いので、とりあえず意見交流会という形で始めたらどうかということになった。

2　充実した授業にするための「授業アンケート」（二〇〇八年七月）

二〇〇七年度にビジョン委員会が全校生徒に対して実施した生活実態アンケートの、「学習の

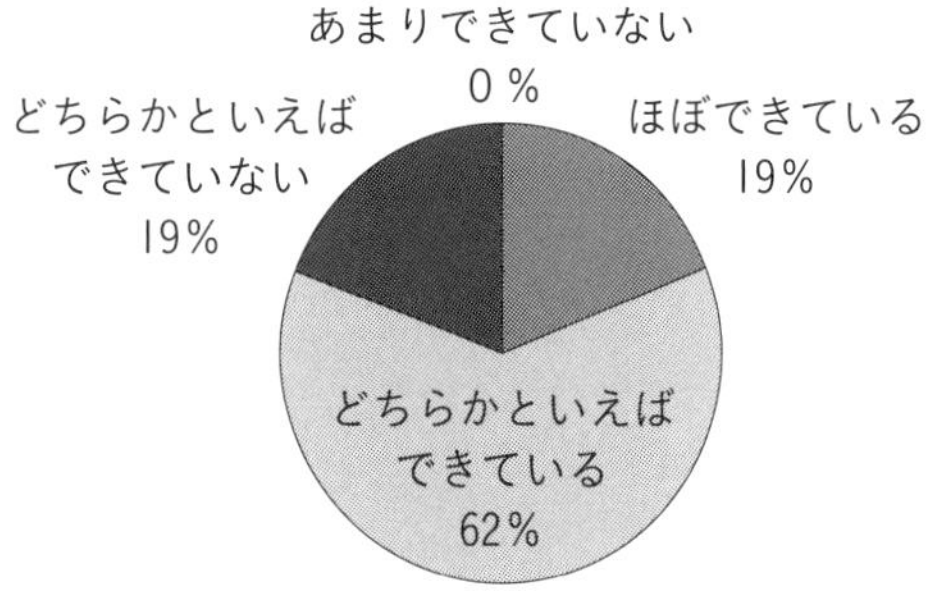

問　生徒の学力・実態を把握し、それに合った分かりやすい授業・指導ができていますか

図１

『やる気』が出るためには」という質問に対して、一、二年生とも第一位に「授業（学習）がよく分かること」、第二位に「勉強のやり方がよく分かること」をあげた。このことから、教科・学校全体での研究授業、アンケートなどの方法により、私たち自らが意欲的に授業改善をすることが必要であると考え、「授業アンケート」を実施した。

アンケートは、「生徒の自己評価」「生徒から教員への要望」「教員による授業の分析」の三分野とした。興味深いのは、教員に対する「生徒の学力・実態を把握し、それに合った分かりやすい授業・指導ができていますか」という問に、八〇％を超える教員が「ほぼできている」「どちらかといえばできている」と回答しているのに対して（図１）、生徒からの要望は、「説明を分かりやすくゆっくりしてほしい」「教科の内容をもっと関心のもてるような授業にしてほしい」が上位二つを占めていることであった（表１）。また、自由記述に「このアンケートをしっかり参考にしてくれる教師が少なそう。ちゃんとこのアンケートを生かしてください」など

表1　生徒からの要望（複数回答可）

説明を分かりやすくゆっくりしてほしい	18%
教科の内容をもっと関心の持てるような授業にしてほしい	14%
黒板の字を読みやすく書いてほしい	12%
視聴覚教材を使った授業を増やしてほしい	10%
受験対応した授業をもっと増やしてほしい	8%
調べ学習を増やしてほしい	4%

と手厳しいものもあった。

この「授業アンケート」を受けて、教員は、各教科で話し合いを行った。日頃の様子からはなかなか感じられなかった授業に対しての真剣さに驚くとともに、それに応える責任を痛感した。また、生徒は各クラスで「目標」作りに取り組んだ。「授業と放課のけじめをつけ積極的に発言をしていく」と授業に直接的なもののほか、「進路未決定者への協力」と、推薦入試ですでに進路が決定している三年生がクラスの団結を求めるもの、「教室をきれいにしよう」と環境整備に重点を置いたものなど、さまざまな目標が並んだ。

年度当初は、授業アンケートの結果をもとにしたテーマで意見交流会を行う予定であったが、はじめての意見交流会のテーマとしては重たすぎるのではないかとの判断で、次年度開催に向けて、適切なテーマを検討していくことになった。

3「三者交流会」開催に向けて

ビジョン委員会は、「二〇〇九年度末に『山田高校のより良い学校づくりをめざす生徒・保護者・教職員による意見交流会』（以下「三

者交流会」」）を開催すること」を職員会議に提案し、いよいよ第一回に向けての本格的な取り組みが始まった。目的は、

＊生徒、保護者、教職員が、主体的に学校づくりに参加することで、より良い山田高校づくりに役立てる。

＊生徒、保護者、教職員が、双方向で意見を交換することで、互いの理解を深める。

＊「学校評価」の一つの資料とする。

の三つ。参加者は、

＊生徒（Ｓ）：生徒会執行部および一・二年各クラスの代表

＊保護者（Ｐ）：ＰＴＡ役員

＊教職員（Ｔ）：運営委員およびビジョン委員

とし、それぞれ傍聴者を認めた。テーマは

①　高校生としての学習体制の確立に向けて

②　より良い山田高校を目指して

とした。

①は、生徒の学習実態から、「意欲のある生徒だけを補習等で伸ばすのではなく、全（なるべく多くの）生徒を巻き込んで何とかしていきたい」「授業のコマが増えることで、一週間の中で繰り返し学習できる利点がある」「一日の中で多くの教科に触れさせることに意義がある」「家庭学習が

できない生徒にとってメリットがある」といった理由で、二〇一一年度からの導入を決めた「四六分七限授業（これまでは五〇分六限）」実施について教員側が説明し、生徒は、「学習状況リサーチ」の結果も合わせて、自分たちの「学習」に対して考える機会にしようというものであった。「四六分七限」を議論した職員会議では、過半数を超える教員がさまざまな立場で発言をし、白熱したことを覚えている。その中には、「ビジョン委員会の案は教員側の立場に立ったもので、生徒の側からの発想が必要」という意見もあった。

②は、二〇〇六年度から四年間生徒会顧問であった私が、「自分たちの学校生活について考えてみないか」と生徒に提案して継続していた生徒会誌「山田」の特集アンケート「山田高校を考える」を出発点にした。三者交流会に向けては、保護者に対しても同様のアンケートを依頼した。アンケートの結果を受けて生徒は、

＊制服の防寒具を指定ではなく、自由にしてほしい
＊夏場の部活動、生徒会活動での冷房使用を認めてほしい

の二点を学校に要望した。教員の中には、「これがより良い山田高校を目指すための要望か」という批判的な声もあったが、ビジョン委員会は、「自分たちの要望を大人（教員・保護者）と対等な立場で議論して学校を変えていく体験は、必ず良い学校づくりに繋がり、ひいては社会人として必要な素養形成にもなる」という思いを前面に打ち出した。また、議論したことは職員会議に持ち帰って、次回に回答することを確認した。

①、②とも、生徒はホームルームでの討議を経て三者交流会に臨んだ。また、保護者全員に案内を送って参加者を募り、「三者交流会での生徒と教員のやり取りを聞き、保護者としての思いを発言してほしい」と依頼し、事前にPTAの役員会でも話題にしてもらった。

4「三者交流会」(二〇一〇年三月三日)

参加　生徒一八名　保護者九名　教職員二〇名

①　高校生としての学習体制の確立に向けて「四六分七限へのチャレンジ」

初めに教員から、現在は、明るく素直な生徒が多くなり、授業も静かで落ち着いているが、

＊二年生の一日の平均家庭学習時間が二〇分と、学習に関しては非常に心配である(三人中一人が一日一時間学習していれば、残りの二人は全く学習していない)。

＊今やるべきことを大きな目で見て欲しい。社会にも目を向けてほしい。

＊基礎的な学力は、時間をかけて確実に学習していこう。例えば、今まで週三時間の授業を週四時間にすることができ、繰り返し学ぶことによって学習内容の理解が進む。

と提案の趣旨を説明し、「学校は生徒がつくりあげるもの。先生の役割は、指導・アドバイス。みんなの幸せにつながることを考えている」と積極的な発言を促した。

《授業の充実》
S：先生が真剣に考えているのが分かった。しかし、制度を変えても、生徒の気持ちが変わらなければ意味がない。
S：授業時間を増やすだけでは意味がない。いろいろな意味で授業の内容の充実を望む。
P：受け身一辺倒ではなく、生徒が主体的に参加し学習意欲が高まるような授業を工夫して欲しい。
T：我々も授業の充実をはかっていかなければならないことを痛感している。授業時間が増えることで、授業をゆっくり進めるなど工夫ができる。努力したい。
《部活動》
S：部活動の時間が短くなる。部活の施設を充実させるとか、時間のことを考えてほしい。
T：授業終了時刻は現在より二〇分遅い一五時三〇分。部活動も大切だという気持ちはある。
《特進クラス？》
S：四六分七限授業は、正直言って無駄。アンケートにあるように、山田高校への入学理由は「レベルがあっていた」「通学に便利」というものが多く、やる気のある人だけを取り出せばよい。
T：「特進クラス」を作るということも考えた。しかし、特定の生徒だけが勉強をするといったことではいけない。生徒全員が、さらなる上の目標を持ってほしい。
《学校づくりに生徒も参加？》
S：学校は先生だけがつくるものではないというなら、制度の変更を決定する前に、このような会を開くなど、生徒の意見を聞いて欲しかった。

②　より良い山田高校を目指しての生徒会からの要望

（１）制服の防寒具（セーター・ベスト）を指定ではなく、自由にしてほしい

生徒から「現在のセーター類は、すぐに毛玉ができる、生地の傷みが早い」「非常に高価である（ユニクロと比べると三～四倍）」「生地が薄く寒い」「黒、紺、ベージュなど華美でないものを着用するルールを作り、それを守る」などと提案理由が述べられた。

《制服検討委員会での検討事項》

T：生徒の意識調査で、「寒暖や体調による調整を自由にしたい」という意見が多かったため、指定したニット類を作り、制服として自由に着られるようにした。制服とするには、校章がついていることが必要であり、また、誇りを持って着られるものでありたい。市販のものは制服とは言えない。インナーとして中に着てほしい。

S：校章が問題なら、市販のものにワッペンをつけるということでどうか。

《セーター類の品質は悪い？　高い？》

P：品質は確かに悪く、値段が高い（値段は、校章が刺繍されているので仕方がない面もある）。

T：セーター類は暖かくないという点についてだが、コートなどの防寒着も認められている。

《状況や提案を受けて》

Ｔ：品質の改善をメーカーに申し入れているが、値段との関係がある。セーターとカーディガンで生地の厚さを変えるというのは、一つの提案として受け止めたい。

（2）夏場の部活動、生徒会活動での冷房使用を認めてほしい

山田高校では、二〇〇九年度から私費で教室にエアコンを設置した。しかし、一人月額七百円の空調費でどれだけできるのか分からず、その使用は、授業・夏期補習・文化祭に限っていた。そこで、「暑さが活動の妨げになる（特に、室内の窓を閉め切って活動する部活）」「生徒達（生徒会も頑張ってやっているので、応援してほしい」と、表記の要望が出された。

《全保護者から空調費を徴収しているので、公平感が大切》

Ｔ：公平にその恩恵を受けるということを考えると、原則授業しか使用できない。

Ｓ：外の部活動と室内の部活動で差ができるのはおかしい。また、暑い中、生徒会ががんばっているのはわかるが、やはり我慢してほしい。

《生徒・保護者からの具体的な提案と回答》

Ｐ：公共施設のようにコイン式はどうか。

Ｓ：部費または自分たちでお金を集めて払うので使用可にはできないか。

Ｔ：コイン式を設置するには、コストがかかりすぎる。今年は初年度ということもあり、かなり厳しく切り詰めた。一年使ってみて、費用の見通しがついてきたので、次年度に向けて要望を整理し検討したい。

５　第一回「三者交流会」の総括

三者交流会は、第一回としては成功であった。

教職員からは、「事前準備があったとは言え、生徒が堂々と自分の意見を述べていることに頼もしさを感じた。打てば響くことを実感した」などの肯定的な意見が多く述べられた。また、「セーター類の改善を、『制服』として保てる範囲内で変更してもよいのではないか」と生徒の要望を認めるものや、「空調の件については、生徒同士の意見をまず調整することが必要のようでしたが、本音をぶつけあえたことはとてもよかったと思う。（生徒の要望に対して生徒から反対意見が出た）」といった指摘もあった。

生徒も、「時間が短い気がしたが、こうした話し合いの機会を作るのはいいと思う。このような機会を増やしてほしい」「四六分授業に対する意見や疑問が、自分でも気づかなかった所から具体的にたくさん出ていて、すごく良かったと思う」などと感想を述べ、大人たちと対等に議論できたことで自信を得たようであった。

保護者にも、「子ども達の意見にビックリ！　自分の子どもと比べてしっかりしていると感じた。家に帰って話し合いたいと思った」「生徒代表の人たちは、学習意欲もあり、学習時間の変更について、予め意見交換会を持ってほしかったと言われ、立派だと思った」など、好評であった。

翌年、生徒の要望に対して教職員は、「防寒具（カーディガン・セーター）の自由化は制服制度を採用している以上、実施は難しい」と回答し、「部活動・生徒会活動での空調の使用」は、一年間の使用実績を踏まえて授業後の諸活動の活性化の観点から議論が行われ、生徒の要望を受け入れることになった。

6 「三者交流会」のその後　遠足を実施したい……

私は、第一回が開催されたのを最後に、九年間務めた山田高校から桜台高校に転勤になった。若干の手直しはあったと思うが、生徒・保護者にアンケートを取りテーマを設定、それに基づいてクラス討議（生徒）やPTA役員会を経るというスタイルを継承して、二〇一八年度まで毎年一回（当初提案では年二～三回開催）、合計一〇回開催されたことに喜びを感じている。三者交流会の第一回はビジョン委員会の主催であったが、第二回からは三者交流会実行委員会（校長・教頭・総務主任・生徒会顧問）を組織して実施していくことになった。

さまざまなことが話し合われたなかで（表2）、最も大きなものは二〇一五年度の生徒要望「遠足の実施」が実現したことではないか。名古屋市立高等学校教員組合（以下名高教）の発行した「二〇一八年度教育問題研究委員会（以下教問研）答申『開かれた学校づくり』」によると、生徒は「クラスの交流を深めてHR活動を活性化させるきっかけとしたい」を理由にあげ、これに対して、保護者から「金銭的支援をしたい」、教員から「日程の調整など検討をする」と、前向きな回答があったようである。

残念ながら三者交流会は第一〇回をもって終了となった。「名高教教問研答申」には、「生徒会執

表２　三者交流会　10年間の軌跡（下線が実現した内容）

《2009年度》
　学習　「46分７限授業へのチャレンジ」
　生活　「防寒具を指定ではなく、自由化」
　　　　「夏場の部活動での冷房使用許可」
《2010年度》
　学習　「家庭での学習について考える」
　生活　「自習室の設置」「カーディガン、セーターの品質の改善」
《2011年度》
　学習　「わかりやすい授業とは」
　生活　「携帯電話のマナーについて考える」「校内美化」
《2012年度》
　学習　「各クラスでの教え方・評価について」
　　　　（定期考査、平常点、展開習熟度別授業）
　生活　「山高祭・一般公開について」（友人招待制の問題と改善）
《2013年度》
　学習　「理想の授業とは」
　生活　「山高の伝統をつくるために残していきたい良さと改善すべきことは」（朝読など）
《2014年度》
　学習　「10年後の自分はどうあってほしいか」
　　　　（コース選択・テストの日程）
　生活　「携帯電話のいいところ、悪いところ」
《2015年度》
　学習　「将来のために学ぶべきこと（自分・仲間・学校）」
　生活　「環境整備」「遠足の実施」
《2016年度》
　学習　「学力UP！　探してみよう自分に合った勉強」
　　　　（朝読書を朝勉強へ変更、自習室での指導）
　生活　「校内美化」「夜間照明の設置」「自動販売機の全日稼働」
《2017年度》
　学習　「自分の将来のための学習～早期取り組み～」
　　　　（小論文指導や家庭学習方法）
　生活　「校内美化意識向上」（トイレや廊下の美化改善）
　　　　「高身長の生徒用の机」
《2018年度》
　学習　「自分の将来の職業に向けての学習」
　　　　（インターンシップ、キャリア教育、民間企業の招聘）
　生活　「校内美化～綺麗で気持ちの良い学校環境をつくる～」
　　　　（清掃方法の改善）

行部より『今後の三者交流会に代わるもの』について、年二回、全校生徒へアンケートをとり、生徒会執行部、生徒議会を経て、職員会議等で検討するといった仕組みを作りたいとの提案があり、他の二者から異論は出ず」とある。また、教職員側の総括として、「生徒たちは、公の場できちんと意見を発信すれば、自分たちの要望をしっかりと受け止めてもらえる経験をした。また、そこにやりがいと喜びを感じ、学校という組織の一員としての意識が芽生え、生徒目線で真剣に考えることができるようになった。三者交流会開始当時と比べ、母校への愛情や教員への信頼も厚くなり、このような場を設けなくても、生徒たちは意見を発信することができるようになり、三者交流会はその役目を果たした」とある。生徒の意見をもとに学校づくりを考えるという仕組みは残されたが、三者が一堂に会して喧々諤々とやる中での生徒の成長は、他に代えがたいものであると思う。

三　「開かれた学校づくり」あいち交流集会

愛知では、二〇一六年二月一三日〜一四日に、大橋基博実行委員長（名古屋造形大学）をはじめとする大学関係者、愛知県立高校・名古屋市立高校の教員、計一五名で現地実行委員会を組織し、「第一六回『開かれた学校づくり』全国交流集会」を開催した（第Ⅲ部資料編参照）。当時は、「安全保障や原発問題を契機に、若者が政治を自分たちの問題として、新たな積極的な動きをはじめた」「二〇一六年六月より一八歳以上に選挙権が与えられる」などの状況もあり、教育現場において「主権者教育」が大きな意味を持ってきていた。愛知県実行委員会では、「子どもたちは、学校で平和や民主主義、基本的人権について学ぶだけでなく、おとなと力を合わせて、これらを学校さらには地域に実現していくことができる可能性を十分持っている」とし、「『開かれた学校づくり』を、子どもたちを社会の主権者として育てる」という視点でとらえた。

集会には、多くの高校生、大学生、保護者、教育関係者の参加があった。特に高校生の実践報告は、「学校づくりを自分たちの問題として、主体的に関わっていく」という意気込みに溢れ、参加者は大いに刺激を受け、未来への活力をもらった。集会後の反省会で、「開かれた学校づくりをもっと愛知に広めたい」「愛知にはまだまだ学ぶべき実践があるのではないか」「今回発表された実践がその後どうなっていくのか知りたい」などの声があがり、全国交流集会の「あいち版」を引き続き開催することにした。

１　実践報告から

「あいち交流集会」は、二〇一六年から毎年開催され、四回で延べ二〇団体（個人）の発表があった（表３）。その中からいくつかを紹介する。

（１）生徒主体の学校祭運営（愛知県立春日井南高校生徒会）〈第一回〉

「学校祭を良い思い出にしたい」と奔走する生徒会執行部の取り組み。通常使用禁止の携帯電話を、学校祭の日にカメラ機能だけ使わせてもらえるようにしたいと、生徒会執行部はルール変更を求めて教員と交渉し、同時にルールの徹底を生徒たちに呼びかけ続けた。その結果、学校祭での携帯電話の使用を認めてもらい、そして違反者ゼロを達成することができた。生徒会長は、「目立ちたいという思いから生徒会長を始めたが、やっているうちに『生徒のために動きたい！』と思うようになった」と、自身の変化を振り返っていた。

（2）千種区政施行八〇周年記念「星見草まつり」の活動記録
〈名古屋市立菊里高校「星見草まつり」実行特別委員会〉〈第二回〉

「星見草まつり」とは、星が丘テラスの「イルミネーション点灯式」までの時間を生徒会が企画・運営する催しで、「菊里生の持てる力でこの地域をさらに活気あるものに」という思いから始まった。区役所や地域団体と交渉を重ね、同校の部活動や音楽科の発表に加えて、星が丘地域で活躍する団体やサークルにも参加を依頼した。報告は、「菊里高校と地域の接点を作ることができ、地域や行政と協力してことを成す一つのケースを示すことができた」と結ばれた。

（3）自らの学びを求めて（同朋高校生徒）〈第二回〉

学力・テストだけで人生が決まるわけではない。「校舎の屋上でミツバチを飼って、蜜の採取体験と味見ができる一般参加のイベントを開催した」「文化祭で『もし高校生が憲法について考えた

表３　「開かれた学校づくり」あいち交流集会　実践報告

《第１回》2016年11月６日　名古屋市教育館　参加者53名
・生徒主体の学校祭運営（愛知県立春日井南高校生徒会）
・菊里高校における生徒会活動（名古屋市立菊里高校生徒会）
・第七回三者交流会（名古屋市立山田高校生徒会）
・宗谷の教育合意運動（名古屋大学教育経営学研究室・大学院生）

《第２回》2017年12月17日　名古屋市立名古屋商業高校　参加者57名
・楽しい学校づくり～日常の生徒会活動～
（愛知県立旭丘高校生徒会）
・千種区政施行80周年記念『星見草まつり』の活動記録
（名古屋市立菊里高校「星見草まつり」実行特別委員会）
・保護者と教員による「山田高校課外交流会」
（名古屋市立山田高校PTA）
・自らの学びを求めて（同朋高校生徒）

《第３回》2018年12月16日　名古屋市立名古屋商業高校　参加者77名
・生徒の手による新しい部活動づくり（愛知県立春日井南高校）
・工芸防災チーム「挑戦と連携～元気なまちづくりを目指して～」
（名古屋市立工芸高校）
・犬山南高校の生徒会活動（愛知県立犬山南高校）
・「生徒会離れ」についての分析（愛知県立旭丘高校）
・保護者・生徒と連携した学校の魅力発信
（名古屋市立若宮商業高校）
・「三者による意見交流会」から私たちが得たもの
（名古屋市立山田高校）
・開かれた学校づくりを実現する
同朋高校オープン・フォーラム2018（同朋高校）

《第４回》2019年12月15日　名古屋市立名古屋商業高校　参加者60名
・体育祭～クラス対抗から縦割り団へ（愛知県立常滑高校生徒会）
・向陽葵2019（名古屋市立向陽高校生徒会執行部）
・瑞陵で良かった～生徒会活動紹介～（愛知県立瑞陵高校生徒会）
・放送部の学び～私たちが見つけたもの（私立同朋高校放送部）
・北高父母会活動紹介
（名古屋市立北高校父母と教師の教育交流会）

ら』と題した企画を行った」「戦争の悲惨さを伝えるドキュメンタリーを制作した（放送部）」など、自らの学びを求めた様々な活動が報告された。また、二〇一七年一一月一二日に、生徒、保護者、教員、市民の四者が集う「同期オープンフォーラム」が、「大人な十八歳になるために」をテーマに開催されたとのことであった。

（4）工芸防災チーム「挑戦と連携～元気なまちづくりを目指して～」

（名古屋市立工芸高校）〈第三回〉

二〇一一年の東日本大震災を受けて、生徒・教職員に防災・減災への意識が高まって始まった取り組みが報告された。活動としては、「障害のある方、認知症の高齢者など、災害時要援護者の方を対象にした福祉避難スペースの製作」「地域・企業・行政と協力した、学校での宿泊防災訓練」「専門性を活かして災害カマドベンチ（通常時はベンチ、災害時はカマド）を製作し、東区内の小学校に寄贈」などがあり、この活動を通して、防災・減災に関するスキル、地域・各種団体とのネットワークの構築など、多くの成果を得ることができたそうである。

（5）保護者・生徒と連携した学校の魅力発信（名古屋市立若宮商業高校）〈第三回〉

二〇一七年八月、「少子化」「商業科のニーズの低下」を理由に、市教委が閉校の提案を突然発表した。それに対して、「地域へのアピールが足りていない」「在校生も学校の良さが分かっていな

図2　分散会の様子（第3回）

い」と始まった、「生徒・保護者・同窓会と協力して、学校の内外に学校の魅力を発信していこう」という取り組みの報告であった。その後、若宮商業は「特別支援学校と併設」という形で存続することになった。

2　高校生の交流　時間が足りない

第三回より参加者をできるだけ多くしようと、第一部の実践報告の一団体あたりの時間を短くして発表に対するハードルを下げるとともに、発表団体数を増やすことにした。また、第二部は、愛知県立大学と名古屋大学の大学院生をファシリテーターとして、「高校生の交流」と題した二つの分散会を行った。大人は、オブザーバーとして参加するとした。自分たちと年が近い大学院生のファシリテートもあって、高校生はノリノリで発言していたのが印象的であった。（図2）

第三回の分散会Aでは、「どれだけ生徒が主体的にやれるか」「如何に生徒会行事への参加者を増やすか」「安全の確保」の三点がポイントになった。その中で、「生徒会は生徒と教員の板挟み」といったことも話題にあがった。また、分散会Bでは、「生徒会活動をもっと活発にする方法」「三者協議会」「文化祭」「生徒会広報活動」「携帯電話の校内での使用」「授業改善・学校アンケート」の六点がポイントになった。

いずれの分散会でも、それぞれの学校環境や活動内容の違いが次々に話され、お互いに刺激を受ける内容になったのではないか。特に、「自分たちの要望を如何に実現していくかを考えたときに、一人や二人の意見ではなかなか学校は動かないが、アンケートなどで生徒の意見を集約し、多くの生徒の意見を後ろ盾にした要望であれば、教員側は無げにはできない」「手間暇をかけて作り上げていくことが大事である」といった意見は、学校づくりの本質に迫っていた。自分たちの言葉で発信し、同世代の間で意見交流ができた貴重な時間となった。

四　おわりに

「三者協議会」の開催を提案すると「意義はわかるが……」とよく言われる。現在の学校現場は「多忙化」が大きな課題になっており、新しい行事を始めることは、それに拍車をかけることになる。また、既に開催している学校でも、その負担は大きいとの声を聞く。

しかし、自分の意見で学校が変わる。この「開かれた学校」は、民主主義を身近に体験する場であり、生徒が大人達と一緒に学校づくりに携わることは、生徒の主体性を大きく育てることになる。また、子どもたちの主権者意識を高め、社会参加を促進する。さまざまな工夫で、このような機会をつくることが求められる。

第5章　埼玉県立入間向陽高等学校
――「向陽高校をよくする会（学校評価懇話会）」から見る持続可能な「開かれた学校づくり」

日永　龍彦
（山梨大学教員・入間向陽高校評議員）

はじめに

本章は、埼玉県立入間向陽高等学校（以下、入間向陽高校と略）で長年開催されている「向陽高校をよくする会（学校評価懇話会）」の実践を振り返ることで、「開かれた学校づくり」を実質化し持続可能なものにするための必要な条件を導き出すことを目的とする。

入間向陽高校は埼玉県西部、入間市にある一九八三年に設立された全日制・普通科の高等学校である。全校生徒は九五〇名余、男女比は一：二程度で女子生徒が多い。「ひたむきに　おおらかにたくましく」の校訓を体現するように、部活参加率が八〇％を超え、後述のように行事が「とても盛り上がる」学校である。卒業後進学する生徒が八〇％以上で、近年では大学・短期大学へ進学する割合が多く、毎年数人、関東の難関私立大学と言われる大学に進むようになってきた。伝統ある進学校というわけでもなく、ごく普通の高校生たちが、学校評価懇話会への参加を通じて自身の高校生活をよりよくするために何代にもわたって継続的に努力を続け、それによって生徒個人はもとより生徒集団として成長していることを外部から見ていて実感することができる学校である。もちろん教職員も多忙な中で生徒の成長を支えるべく努力をつづけているが、何か特別な学校だからできる「開かれた学校づくり」ではなく、どのような高校でも取り組むことが可能なモデルを提供している高校だと筆者は考えている。

本来、実践記録とは、それを実体験した同高校の教職員や生徒などの当事者が綴るべきであり、事実、同校には実践記録の執筆に適任と思われる教師が複数いる。その点、筆者は実際を深く知るという点では劣るものの、学校評議員として一定の客観性を保ちながら一つの学校の変容を一〇年あまり観察し続けてきた。その観察記録を残すという意図をもって本稿の執筆に臨みたい。

以下本章では、入間向陽高校の取り組みを支える埼玉県全体の学校評価制度を概観したのち（第1節）、入間向陽高校の「向陽高校をよくする会」の特徴を整理し（第2節）、学校が作成した会の記録と、会の様子を生徒が生徒に伝えるための「生徒会ＮＥＷＳ」を基礎資料として生徒、教職員、保護者・地域住民、が「開かれた学校づくり」に取り組んできた様子をそれぞれの発言をもとに紹介する（第3節）。これらを通じて、「向陽高校をよくする会」が参加した生徒の成長を促すだけでなく、教職員・保護者等を含む学校関係者すべてが学校づくりの当事者として学校の変容を担うようになるという効果を生むこと、また、こうした取り組みが持続可能な形で継続できていることの要因は何かを考えてみたい。

第1節　埼玉県立学校における学校評価制度の特徴とその展開

埼玉県における学校評価制度については第Ⅱ部第8章でも検証されているので詳細は同章に譲ることとするが、本章で取り上げる入間向陽高校の実践とその意義を理解する上で最低限必要な部分に限って評価制度の特徴とその変遷について概観しておきたい。

埼玉県教育委員会は二〇〇五年に「学校自己評価システム実施要領」を制定した。各県立学校が「『目指す学校像』を明確にし、教職員、生徒、保護者並びに学校を取り巻く地域が一体となって、開かれた学校づくりに取り組む」（「要領第3　実施方法等―1　学校自己評価システムの基本姿勢）ために自己評価と学校関係者評価からなる「学校自己評価システム」を導入するものであった。また、「目指す学校像」を実現するための中期的な「重点目標」を定めて評価項目を大幅に絞り込むことで、対象を限定して改善を志向する評価方式を導入していた。これは、二〇〇七年の学校教育法改正により、自己評価の義務化と学校関係者評価の努力義務化からなる学校評価が制度化される以前の取り組みであった。[注1]しかも、後述するように当時主流であった評価方式とは異なり、筆者も関与した（独）教員研修センター（現、教職員支援機構）主催の「学校評価指導者養成研修」（二〇〇八年〜二〇一五年）において他地域の参加者に大きな影響を与える方式にもなった。

当時の学校評価は、教育経営学の研究成果を反映させる形で学校の諸活動を全方位的・網羅的に点検して課題を明確化する「経営診断」的な評価が主流であった。文部科学省（以下、「文科省」と略）が示した『義務教育諸学校における学校評価ガイドライン』（二〇〇六年三月）も、学校の諸活動に関する網羅的な情報提供を求め、多様な評価項目例を示すことで、従来方式の評価を後押しすることとなった。しかし、この評価方式は、学校運営に関する多方面に渡る知識や経験が必要とされるため、管理職や教務主任など学校全体の運営に関与した経験を持つ教職員以外、評価への実質的な参画をすることが難しく、教職員が一体となって行うには不向きな活動であった。実際、上記の研修参加者の多くが学校評価の形骸化を指摘しており、結果、二〇一〇年に改訂された文科省の『学校評価ガイドライン』は、「重点化された目標設定が自己評価の始まりであり……（中略、筆者）……総花的な設定を避けて精選することが重要」として、「全方位的な点検・評価や日常的な点検」とは異なる、具体的な改善に役立つ学校評価への転換を促した。

このように、埼玉県における学校自己評価システムは先進性をもつ評価方式として導入されたのであるが、特に、「自己評価の結果を踏まえた意見交換等を通じて評価を行い、学校の自律的改善を図る」（要領第３　実施方法等―２　学校自己評価システムの推進組織の整備―（１））ことを目的とした「学校評価懇話会」の設置が、「教職員、生徒、保護者並びに学校を取り巻く地域が一体となって、開かれた学校づくりに取り組む」という基本姿勢を実現する上で極めて重要な役割を果たすこととなった。構成員に学校関係者と生徒を加えることが先の要領に明記され、高校生が「開かれた学校づくり」の主体として明確に位置づけられたのである。生徒が参加する「開かれた学校づくり」の取り組みはこの間各地で行われてきたが、制度化が伴わないために意欲的に進めようとする教員の異動で取り組み自体がなくなることが課題であった。埼玉県の場合は県全体として制度化されたことで一応の永続性が担保されたことになる。ただ一方でこの間筆者が見学したいくつかの「学校評価懇話会」の中には、生徒の参加が形式化している、学校づくりの当事者である教職員が傍聴しにくい時間帯に実施されているなど、制度が形骸化している事例も見受けられた。制度は運用する側、とりわけ二年程度の短期間で異動する校長の姿勢次第でいかようにも変わりうるものでもある。

　他方、県教委は当初より、学校評価への取組状況を確認するため外部有識者による第三者評価を進めていた。しかし、書面評価と短時間の訪問で行われる評価が学校の自律的な改善を促すという点からは実効性を持ち得ず、「監査」的な側面ばかりが目立つことになった。そのため、二〇一五年六月に第三者評価のあり方を見直し、県立学校三～五校のネットワークを構築して相互にピアレビュー（学校間の学び合い）を行うこととした。教員の大量退職の時期とも重なり、制度構築当初の理念や意思を受け継いでいくことが難しくなる中で、学校の自律的な改善や開かれた学校づくりという自己評価活動の実効性を高めうるグッドプラクティスを共有することが期待されていた。

さらに、二〇一七年三月改訂の学習指導要領で、生徒に身につけさせたい力を起点にしたカリキュラムマネジメントと学校評価との一体化が求められた。これを契機に、目指す学校像、重点目標、年度目標、具体的方策、評価項目の達成状況等を記述する学校自己評価システムシートの記述内容や方法を見直して指導要領の要請に対応した。これにより、教育活動を基本とする学校運営と学校評価活動とを一体的に展開することも可能になった。もちろん、各学校の対応に差異があることは想定できるものの、埼玉県立学校の学校自己評価システムは制度としては常にその実効性をあげることを目指し整備されてきたと言える。

以下、入間向陽高校ではこの学校自己評価システムをどのように活用して「開かれた学校づくり」を進めてきたのかを、先ず同校の学校評価懇話会に着目して整理したい。

第２節　「向陽高校をよくする会」の特徴

入間向陽高校の学校評価懇話会は「向陽高校をよくする会（以下、「よくする会」と略）」と通称されている。会は毎年度原則として七月と一月の二回開催される。構成員は以下の通りである。

①　教職員：学校長、教頭、事務長と校務分掌の組織である教務部・進路指導部・生徒指導部・生徒会部・渉外部および学校評価運営員の代表者

②　学校評議員・保護者：地元企業あるいは商店街役員・町内会長等の地域住民代表、入間市教

育研究所長、ＰＴＡ会長・副会長、後援会長、大学教授（二〇一二年以降は筆者）

③　生徒：生徒会役員から徐々に拡大（詳細は後述）

会の進行においては常に、「学校自己評価システムシート」を中心的な資料として活用している。人間向陽高校の学校自己評価システムシートには、長年「『ひたむきに、おおらかに、たくましく』未来を生き抜く心身ともに健全な若人の育成」が目指す学校像として掲げられており、それを実現するための重点目標として、Ⅰ授業改善及び学習習慣の確立を通じた学習意欲の向上、Ⅱ行事等の実践を通じた主権者意識の育成及び自律的・基本的生活習慣の確立、Ⅲ生徒一人一人に即した進路選択とその実現、Ⅳ保護者参加と中学校・地域との連携強化による協力支援体制の確立、が挙げられている（Ⅳは二〇一七年度以降）。これらの目標を実現する方向に毎年度の学校づくりを進める（＝学校をよくする）場として、「よくする会」が位置付けられている。七月の会では、四つの重点目標に関連する学校および生徒の現状や課題を踏まえた当該年度の目標や具体的な取組み内容について、翌年一月の会では年度目標の達成状況と次年度への課題や改善策について、分掌組織代表の教師から説明が行われる。それぞれの説明内容に対して生徒代表が意見表明を行ない、学校関係者（よくする会に参加する保護者や有識者）が発言するといった流れで、参加者相互のやり取りが続いていく。

ただし、よくする会の位置付けについては重要な原則が共有され続けている。それは、よくする会自体を「意思決定を行う場」にはせず、「参加者相互の異なる思いや考えを共有する場」とするというものである。一見、生徒が意思決定に関与できないことで、よくする会の意義を低く評価する向きがあるかもしれない。しかし、経年的に会の様子を観察している筆者には、この原則があるからゆえに、生徒の思いを引き受けた教職員が真摯に応答することで、実際の変化を促進しているように見える。よくする会で生徒の側から出された意見や要望に当日十分な回答がなされなかった場合でも、次の回に一定の根拠づけを伴って説明されることがたびたびあった。教職員は、生徒に対峙するという意識持たずに会に参加することになり、生徒の思いを理解し、「生徒のため」を考えることを可能にしていると実感することを幾度となく経験した。

会に参加する生徒会役員を支えてきた生徒会担当教師の苦労は相当なものと思われるが、生徒の側が「意思決定を行う場」ではないにも関わらず、よくする会への参加の意欲を減退させている様子は感じられない。むしろ後述するように、歴代の生徒会役員が逆に教職員の思いを理解した上で生徒集団の意識や文化を変えていこうとする、生徒の側からの学校づくりに参画する様子さえしばしば垣間見てきた。一方的に生徒個人の要望を伝えるだけではなく、生徒会と「評価運営委員会」が共同で実施している「向陽高校を考えるための生徒要望アンケート（以下、生徒アンケートと略）」調査の結果分析を生徒会自身が行うなどして生徒集団の総意として説得性のある意見表明を心がけているし、『生徒会ニュース』によくする会でのやりとりを掲載して、生徒の声に対するフィードバックも行ってきている。

しかも、よくする会に参加する生徒の数自体が徐々に増加し、実際に発言する生徒の数も増えてきている。生徒たちによくする会の存在とその意義が浸透しつつある証左であろう。筆者がよくする会に参加しはじめた当時（二〇一二年）、出席していた生徒は前後期二代にわたる生徒会役員一二名、傍聴していた生徒は一〇名足らずであった。その後、一四年からは各クラスの代表者（中央委員）が傍聴者として参加するようになり、一七年以降は中央委員が発言することも認められるようになった。筆者も少しでも参加意識を高めてほしいという思いから、あえて中央委員に質問を投げかけたりしたが、一八年からはよくする会開催の前にホームルーム討議を行い、中央委員がクラスの意思を代表して参加するようにもなった。一九年の第二回よくする会ではクラス代表としてだけでなく自らの思いを発言する中央委員も現れた。結果として、一九年段階で生徒会役員二三名、中央委員二五名、計四八名が参加することとなった。全生徒数に対する割合で言えばそれほど多くはないとも言えるが、正式参加者数としては四倍になっている。しかも前述のように、中央委員はクラスに所属する生徒の声を持って参加してきている。そして会のやりとりの様子を直接見聞きし発言もして、その雰囲気をクラスにフィードバックする役割を果たしているのである。

このように、教職員と生徒たちの双方にとって、よくする会を通じて相互理解が促進されるだけでなく、次節以降で見るようにお互いの発言に対する真摯な応答（ただ受け入れるばかりではない）が繰り返されている。このような双方の努力による学校内での応答的な環境の醸成が、よくする会を「開かれた学校づくり」の場として実質化させているのである。そこに「意思決定を行う場」としないという会の原則が少なからず貢献していることは疑いのないところであろう。それを示すいくつかのエピソードを次節以降で紹介していきたい。

第3節　よくする会の活動を通じた向陽高校の「開かれた学校づくり」

よくする会では、前述のように生徒会による「まとめ」とともに毎回の記録が作成されている。本節ではこれらの記録をもとに、よくする会の活動を通じた「開かれた学校づくり」がどのように進められてきたのかを見ていく。

1　全員参加型の行事づくり

向陽高校ではもともと行事が盛んであった。二〇一三年六月実施の生徒アンケート結果を見ても、「向陽高校のいちばんの魅力は何か」との問いに、「行事が盛り上がる」ことと回答した数は五二一名で選択肢の中では最も多く、次に多い「部活動が盛んである」との回答（二五七名）の二倍近くになっている。生徒アンケートの結果を分析した資料には経年的な変化も示されており、その二年前に実施されたアンケートでは行事と部活動がそれぞれ三七〇名あまりでほぼ同数であったことを考えると、この頃年を追って行事が盛んになってきたものと考えられる。実際一二年の第二回よくする会では、生徒から「三年生を送る会での全員合唱、体育祭でのクラスTシャツ・応援団旗の導入を行った。前例がないことなので苦労することはあったが、生徒個人が自ら参加している、という意識がもたらす好影響はあるものと思う」との発言があった。生徒会担当教師の発言にも「本部で企画立案したものを中央委員会を通じてクラスに下ろしていく、組織的な活動が定着している」とある。このように、生徒会が主体となった行事の企画立案・運営が広がりを見せていた時期に「行事が盛ん」という向陽高校の魅力が生徒たちに認知されていったことがわかる。

翌一三年の第一回よくする会では、年に一度九月に行われる文化祭（向陽祭）について、生徒から「参加型と言いながら、全員参加は難しい」と課題を明確に捉える発言が見られた。評議員も「ビデオを見て、みんな楽しそうだと思ったが、そうでない子のことも考えてみる必要がある」と発言し、一部の生徒だけの満足で終わらない、できるだけ多くの生徒を巻き込むことを目指すことが確認された。

その後、代々の生徒会役員がこの目標にむかって工夫し、取り組んだ内容をよくする会で検証する、ということが続けられてきた。例えば、二〇一四年の第二回では、前生徒会長の「生徒会本部で原案を提示し委員会を通じて運営していくと言うスタイルは定着しているものの、委員会との連携がもう一つうまくいかなかったところが反省点」という発言に、現生徒会長が「参加型の行事づくり……（中略、筆者）……は各クラスに責任意識が芽生え、団結が深まるメリットがある。……（中略、筆者）……今後、委員会等でクラス全員参加という生徒会の方針を伝える努力をしていきたい」と受けるなど、代々の生徒会に問題意識が引き継がれていく場面があった。しかも、このような取り組みで、「反省点を出し、次の行事に生かそうと企画することで、先を読み、周囲を見ることができるようになった」という発言も聞かれた（一五年第二回）。

他方、全員参加を目指すための工夫も徐々に高度化していく。一六年度第一回では、生徒から向陽祭に参加する中で自分だけのテーマを作ってほしいという願いを込めて「『祭りだ！　○○だ！向陽だ！』君の答えは何だ！」というテーマ設定をしたことが紹介された。翌一七年には、向陽祭に全員が取り組む仕掛けとして目玉企画や顔出しパネルの製作を各クラスに依頼した他、三年生を送る会にもできるだけ多くの生徒が参加できるような工夫、被災地支援の募金活動、さらにはエコキャップ運動など、参加しやすさを追求しつつ全校で取り組める行事や活動の範囲を広げていった。このような努力に対し、評議員からは「行事の目的がはっきりしていることと、みんなを巻き込む仕掛けがよく考えられているところが良い」「試行錯誤をすることは大事。失敗してもマイナス思考にならないこと、長い時間の中の一部を担えたということで十分」「ここを改善すればうまくいくというものではないところが難しいが、その時の最善を尽くさないと後悔する」といった励ましの言葉が投げかけられた。これらの評議員の言葉に、卒業間近の前生徒会長が以下のように応じた。

生徒会で行事を運営していく中で、企画から携わって一緒に活動してくれた仲間も多く、充実した活動ができた。行事に興味を持ってくれない人がいたのも事実だし、大変なことも多かったが、友達から声がけされ、企画した行事を楽しんでくれていることがわかるのは嬉しかった。自分で楽しんで運営していけば周りもついてきてくれる。

さらに現生徒会長が以下のように続けた。

年々行事を変え、よくしていくことばかり考えていたが、今日の話で、長い間続いていく一端を担っていければいいんだな、と言う気持ちになった。行事に興味が持てない人も、参加してみてどうだったか、やってみたら案外楽しかった、と思って貰えばいい。この会はやってきたことが検証できる場になっていると思う。これからも大切にしていきたい。

前生徒会長は「行事に興味を持ってくれない人がいたのも事実だし、大変なことも多かった」と行事の企画運営の苦労を認め、現生徒会長は「年々行事を変え、よくしていくことばかりを考えていた」というように受け継いでいくことへのプレッシャーを打ち明けていた。よくする会が率直な思いを交換できる場になっていることを示す発言であるが、考えうる限りの工夫をしても、「全員参加」の実現の難しさを痛感している様子もうかがえる。

実はこの時期、生徒アンケートの結果に変化が見られる。筆者の手元にある毎年の生徒アンケート結果を見ると、行事に向けた意欲は次頁の図のような変化を示している。二〇一七年から一八年にかけて、最も意欲的に取り組む生徒（チョーハッスル・やる気が沸騰しています）が一九九人か

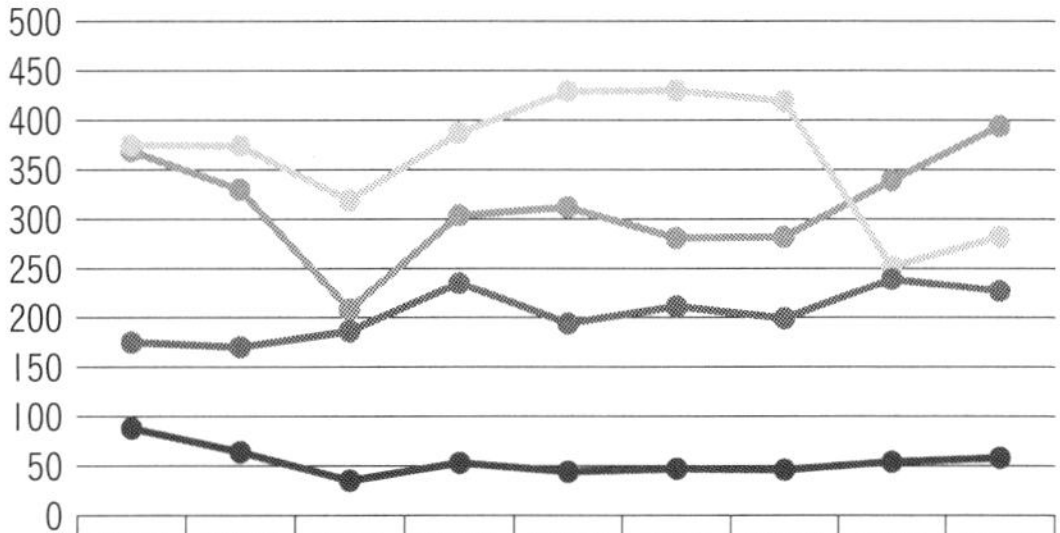

	2011	2012	2013	2014	2015	2016	2017	2018	2019
チョーハッスル・やる気が沸騰しています	175	170	186	235	194	211	199	239	227
けっこうハッスル・沸騰間近です	375	374	319	387	429	430	419	252	282
まあ周りにつられて	369	330	208	304	312	281	282	339	394
ちょっと冷めてます＋行事より勉強、部活を	88	64	35	53	44	47	46	54	58

向陽生の行事に対する意気込み

ら二三九人に増加する一方、意欲を持って取り組む生徒（結構ハッスル・沸騰間近です）が四一九人から二五二人に激減し、「まあ周りにつられて」と答える生徒が二八二人から三三九人と増加しているのである。アンケートの実施時期は毎年六月であるため、行事に対する意欲は前年度の実績を反映している可能性が高い。データは生徒会役員の思いに応えるように行事への意気込みを高める生徒が徐々に増えていることを示し、毎年の取り組みが着実に生徒の姿勢を変えていることを示している。だが同時に、先の新旧生徒会長の発言は、「周りにつられて」参加させられているという生徒の気持ちにも目を向けられるほどに役員たちが成長していることもうかがわせる。課題を明確につかみ、それを改善しようとする姿勢が生徒の中に受け継がれているのである。

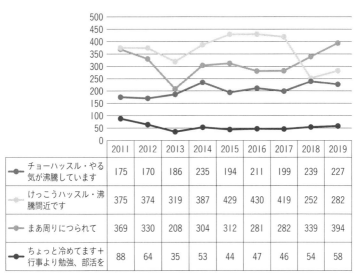

一七年の就任直後、「行事に興味が持てない人も、参加してみてどうだったか、やってみたら案外楽しかった、と思って貰えばいい」と語った会長を中心とする生徒会は、翌年にかけて取り組みを一段とグレードアップさせた。一八年第二回のよくする会では、向陽祭にむけて企画マニュアルの見直し、各クラスへの趣旨説明の徹底、企画内容のプレゼンテーションなどを通じて、質の向上が見られたと総括した。全校企画の巨大タペストリー製作については、デザインの公募により全校生徒が参加可能にしたこと、各クラス分担して制作したことで図柄を合わせるために他のクラスとのコミュニケーションが深まったこと、なども報告された。また、球技大会の応援に行く生徒が増え、大会を通じた「クラスの団結という目標が浸透していることを感じる」といった発言もあった。さらに、「全校生徒参加型行事を目標とすることで、企画を浸透させやすくなり、行事そのものがより深く思い出になった。行事に全力で取り組む姿勢や団結力の高さで、行事を終えるたびにクラスの仲が深まり、学校全体が居心地良くなっている」という発言からは、全員参加型行事を通じて、生徒どうしが事あるごとに協力しあい、人間関係を築いている様子が看取できる。この状態が学校生活の様々な場面でプラスに働く基盤となる。このような生徒集団の組織風土づくりが、長年の向陽高校の「開かれた学校づくり」を通して続けられてきたのである。

2　生徒・教師協働による授業づくり

互いに協力して取り組むという組織風土は、毎日の授業づくりにもプラスに働いたのではないかと筆者は考えている。筆者がよくする会に参加し始めた二〇一二年当時、会に参加する生徒からは「勉強する意味がわからない」「勉強の仕方がわからない」といった声がしばしば聞かれた。教務部や進路指導部の教師は授業や進路支援の改善に取り組み、生徒たちの意識の変化を感じていたが、予習・復習を中心とする家庭学習の定着と授業に対する受け身の姿勢を課題として上げていた。生徒アンケートでも「予習・復習をまったくやっていない」生徒は減少しているが、進路を意識してやっている生徒はまだ少ないことが読み取れた。会の最後に教頭は「授業でやったことが、様々な場面で興味を呼び起こす……（中略、筆者）……少しでも予習等をすれば、それだけ理解できる……（中略、筆者）……。より良い授業は双方向で作るもの、そうした循環で基礎学力ができれば、それが進路へと結びついていくものと思う」と発言して会をまとめた（一二年二回）。ちょうど高校教育においても、生徒どうしの話し合いを取り入れた参加型授業の構築が課題となっていた時期である。以下、向陽高校における授業づくりの取り組みの様子をよくする会の記録から見ていくこととしたい。

一三年第一回のよくする会では、生徒から「なぜ勉強しなければならないのか……（中略、筆者）……生徒に気づくきっかけを与えて」「予習はどうやれば良いのか」など、教師を頼るような発言が相次いだ。評議員からは「わからないことも遠慮なく、フランクに聞くことができる雰囲気を作ってほしい」「クラスの中で『わからない』と言える雰囲気づくりが大切」と、教師と生徒が協力して「雰囲気」づくりに取り組むことが求められた。

翌一四年第二回のよくする会では、生徒から「(授業中)先生方からの声がけが増えたように感じている」「少人数の班に分けることで、自分たちで考え、発言しやすい環境ができると感じた。……(中略、筆者)……今後も双方でより良い授業が作り出せればいいと思う」との発言があった。翌年には生徒から「(授業中に)メモを取る生徒が増えたと思う」、教師からは「発言することの恐怖感があることも承知している。間違ってもいいんだという雰囲気をこちらから作る必要もある」(一五年一回)と、双方が努力している様子がわかる。

同年第二回には教師の「少しずつ変化が見られ、テスト前や授業中の集中度に向上の兆しがある」という発言にも、生徒は「中には集中力を欠いている生徒もいる」ので「なぜ学ぶのか、というようなことも授業の中で語ってほしい」と応じた。また、「授業には集中して取り組む人が増えているが、予習・復習している人の減少も見受けられる。生徒側の取り組む姿勢を変えることで、授業の改善は進むのではないか」(一六年一回)、「(よくする会で)参加型の授業はより努力が必要と指摘されたが、家庭での学習の取り組みが不足している生徒も多い」「授業が理解ができればもっと深い内容に興味が湧くということもあると思うし、この点では生徒の意識を変える必要がある」(同年二回)など、よくする会に参加している生徒が、生徒側の意識変革を課題としている。

生徒側のこのような課題意識が他の生徒にも伝わっていったのだろうか。翌一七年の生徒アンケートでは、予習・復習をしている生徒がわずかではあるが増加したことが報告された。同年第二回では、生徒から「理解できる授業は楽しい。生徒が授業に取り組む姿勢を変えるためには、理解できる授業にするのが良いと思う。そのためには生徒どうしで教え合うことができると良いと考える」「先生の問いに対し、わかりません、と答えることが多い。参加型の授業を実現させるためにも、間違ってもいいから発表する、ということが大切と思う。しかし、そのためには予習・復習が必要になる」といった発言が見られた。一三年当時の教師を頼るだけの発言ではなく、授業づくりを自分の問題としてとらえるという意識がよくする会参加者を中心に代々受け継がれ始めていることがわかる。

ただし、このような変化は右肩上がりに良くなるものでもない。当然のことだが、毎年三年生が卒業して、翌年一年生が入学してくる。三分の一の生徒が入れ替わる。一七年第二回のよくする会では、「(我々生徒も)本音で言えば家で勉強なんかしたくない。……(中略、筆者)……どうしても生徒たちに家で勉強させたいというなら、小テストをやるなどして崖っぷちに追い込むしかない」という発言が生徒から投げかけられた。複数の評議員が「本当に正直な発言が出た」と、よくする会の話し合いが本心を伝え合う会になったことを称賛する一方、「勉強をやらされている、という意識があるのかもしれない。目標があれば努力もできるが、それがない場合やる気は出ないのも当然だろう」「将来自分がどうなりたいのか、を考えると自ずと見えてくるものもある。それを考える時間も高校生には必要なのだろう」「自分がなりたい職業、それが本当に続けられそうか、そんなことを徹底的に調べてみて、その上で目標を立てる、そんなことをやってみても良いのでは。自分の過去への反省も込めて言うが、やりたいことが見つからない、のではなくて見つけていないのが本当のところだろう」など、進路意識を高めることの必要性が指摘された。

ただ、このようなやりとりは今回が初めてではなく、「周囲があまり勉強をしていないので、私も、という流されやすい雰囲気がいけないと思う。……（中略、筆者）……やはり進路を意識して今の勉強に取り組むというような目的意識が大切になる」（一四年二回）や「家庭学習などは周囲に流される傾向がある。進路を意識し、日頃から学習する雰囲気が作られれば、自分から勉強するようになるのでは」（一五年一回）など、生徒側も問題視してきた課題であった。このことは教師側に十分意識されてきており、授業改善と進路意識の向上は一体的に取り組まれてきた。さらに、進路指導担当教師は生徒の声を聞きながら、利用しやすい自習室の整備にも取り組んできた。

このように、より良い授業づくりのために、生徒は自主的な学習習慣を確立できるよう意識を変える、そのために将来の目標を持つよう、よくする会参加者（生徒会・中央委員）から少しずつ広げていく努力をする。教師は生徒参加型の授業づくりや学習への動機づけが高まるような入学直後の行事の導入、生徒の声を聞きながら利用しやすい自習環境の整備などに取り組む。お互いの思いを確認しながら、まさに協働によって授業を変えていこうとする取り組みが続けられている。

3　学食存続のための取り組み

向陽高校の場合も食堂の利用者が必ずしも多くなく、運営する業者の経営が思わしくなかった。ただ、食堂自体が廃止されることのマイナス面もあるため、営業継続のために生徒会が取り組み、よくする会でその様子を報告してきた。以下、この取り組みが生徒の意識にもたらした変容を見ていきたい。

二〇一二年第二回のよくする会では、食堂業者と話し合いの中で女子の利用者を増やすためのメニューの改善や自動販売機設置等の提案を行ったこと、生徒会として食堂利用促進のポスターを作成したことなどが報告された。この時期の生徒会の取り組みは「生徒が考えるメニュー」の提案が主であった。その後一四年には、学食とタイアップしたオリジナルメニュー作りなどを通じて利用者も増加し、大幅な黒字化を達成しつつあったが、この頃から生徒たちの取り組みに変化が見られた。例えば、食券販売機の稼働台数を増やすとともに生徒が並ぶ列をはっきりさせる、人が多く集まるイベント限定メニューを食堂と一緒になって考える、食堂にアンケートを設置したり学食デザートの投票を行ったりするなどのニーズ調査を行う、といったことである。生徒からの一方的な提案だけでなく、食堂の経営改善につながるような、食堂が利用しやすくなるような、他の生徒たちの声を踏まえた取り組みが行われるようになったのである。

翌一五年には、食堂アンケートであがってきた放課後営業希望について食堂側と話し合いを持ち、向陽祭準備期間限定であるが放課後営業を実現した。また、校舎二階での出張販売なども始められた。一六年になると、利用拡大のために年度末のクラス会やロング・ホーム・ルームでの利用可能性を食堂側に打診するなど、生徒と食堂双方のことを念頭に置いた取り組みがよくする会でも報告された。売り上げ状況を事務長に尋ねることもあった。

このような生徒会の努力にもかかわらず、一八年には再度業者が交代することになった。生徒たちも食堂を維持するためには売り上げ確保が必須という当たり前のことを体感することになった。それもあってか、生徒たちは新しい業者と参入前から協議し（一七年二回）、翌年には、生徒に対して「どういう改善をすれば利用したいか」をアンケート調査した上で、昼休みの営業時間増、座席増、テスト期間の営業、安価なハーフサイズの提供などを要望したことが報告された。文化祭のイベントメニューやカレーパーティなども実現したという。メニュー改善案の提示にとどまっていたところとは提案の質が変わってきたことがわかる。

これらの生徒たちからの報告に対し、評議員からは、「食堂が撤退する学校もある中、生徒会と業者が協議しつつなんとか続けているという、地道な努力は評価できる」「お互いの利益を尊重しながらしっかり話し合ってほしい」などといった意見が示された。生徒会による食堂業者との折衝が大きな学びの場であることを外部の大人たちが示すことで、生徒たちに自分たちの活動の意義を再確認させることにもつながったのである。

第４節　当事者たちにとっての「よくする会」の持つ意味——まとめにかえて

以上本章では、学校自己評価システムという学校改善を志向する取り組みを進める上で鍵となるしくみに生徒が正式に参加する埼玉県の「学校評価懇話会」の意義を確認し、その制度を入間向陽高校がどのように運用しているのか、その特徴を整理した。その上で、筆者が評議員として参加してきたこの一〇年余りの「よくする会」を通じた向陽高校の「開かれた学校づくり」を特徴づけるいくつかのエピソードを紹介してきた。

１　生徒たちにとっての「よくする会」の持つ意味

一般に生徒が参加する「開かれた学校づくり」というと、校則（ルール）を変えるというような目に見える成果を求めがちになる。もちろんよくする会でも、服装や髪型に関する校則が話題になった。しかし、何らかの決定を行う場ではない「よくする会」を通じて直接的に校則が変わることはない。重要な点は、時間や回数をかけて生徒の声、思いを傾聴し、教師側の意図を丁寧に説明する場となったことである。

他方で、これまで見てきたように、よくする会への参加自体が生徒の著しい成長を促し、さらには生徒集団の持つ組織風土が代々受け継がれ、より良きものに変化していくという成果をもたらしている。本稿において紹介してきたいくつかのエピソードを見ても、参加する生徒個々人の成長を促していることは明確である。生徒参加型の行事の運営を生徒会主体でやっているため、生徒会役員は多くの生徒との意思疎通や調整など多大な苦労をする。そのような行事が成功した時の達成感を通じて自身の成長を実感している。しかし、よくする会に参加すること自体にも大きな教育的意義がある。

生徒たちは、よくする会に参加するために、生徒アンケートを分析することを通じて、「さまざまな方向から物事を考えることができるようになった」（一六年二回）と振り返っている。またある時、評議員から「この話し合いで今までの先輩たちの積み重ねがあるから、君たちはしっかり原稿を書いて正確に話そう、と考えたのだと思う」しかし、「原稿を読むのではなく自分の言葉で話す、と言うことは難しいが大切なこと」という社会人ならではの指摘があった。すると次の会では生徒がみな相手の目を見て自分の言葉で発言しようとする努力のあとが見えたのである。生徒はよくする会の前に教師や評議員との討議を想定した準備をして臨むのだが、このようなやりとりの機会があることで、「はじめは自分の意見を言うことは苦手だったが、この会を通じて成長し自信を持つことができた」（一七年二回）と言えるほど、コミュニケーション力の向上に好影響をもっていることは確かである。

さらに、このような生徒会に所属する生徒個々の成長だけでなく、生徒集団としての成長も見て取れる。毎年生徒の三分の一が入れ替わり、学年が進むにつれて生徒の意識は変化する。そのように日々変化する生徒集団の中でも向陽高校では、生徒集団の核になる生徒会の新旧役員がよくする会への参加を通じてその活動や思いを代々伝え、それを中央委員その他の生徒会組織を使って全生徒に伝えるための地道な努力を続けてきた。結果として「よくする会」が「何事にも協力して取り組む（ことができるような人間関係の構築に取り組む）」という生徒集団の組織風土づくりに貢献してきたといえるのである。

２　教師・保護者たちにとっての「よくする会」の持つ意味

このような教育的な意義を教師が見出しうる時、制度としての「よくする会」は学校内で活かされるようになる。向陽高校では実際、主権者教育の目的である個々人が責任を持って所属する社会（ここでは学校）を支える意識を持ち行動に移すということを実践する場として学校行事やよくする会が位置づけられてもいる。担当を降りてもわざわざ傍聴に来る教師もいる。生徒が入れ替わる中で同じような議論が繰り返されることもあるが、会に参加している生徒たちにとっては初めての経験であることが理解されているものと見えて、「マンネリ化」という言葉が聞かれないことも、会の意義が浸透している証左であろう。

各地での「開かれた学校づくり」の実践が特定の実践家（教師）に依存してきたため、その教師の異動や退職、あるいは管理職の無理解等で実践自体が続かなくなったという事例は少なくない。言うまでもなく、「向陽高校をよくする会」が長期間継続できた要因として学校評価懇話会への生徒参加が県全体で制度化されたことは大きい。しかし、それだけでは「よくする会」が実質化し、参加する生徒・教師・評議員の参加への動機を維持し続けることは難しい。生徒も教師も抵抗なく参加して率直な意見交換ができるよう、「相互の意見の違いを理解し合うこと」に重点を置き「何らかの決定をしない」という二つの原則を維持しつつも、双方が互いの問いかけに対して何らかの応答をするよう努めてきたからこその結果である。学校づくりには教師か生徒のいずれか一方が取り組めば良いというのではなく、相互理解をふまえた協働にむけて双方が努力することが必要であることを理解し、それを周りに広げていこうとすることが重要なのである。生徒側参加者の範囲を徐々に広げ、参加形態も傍聴から正式な参加者とさせていくなど、一人一人の生徒への情報伝達を容易にしようとした変化も意義あることであった。

他方で、ＰＴＡや後援会などの保護者組織の代表がよくする会に参加し、真剣な話ができないことも多い自身の子どもたちと同世代の生徒と直接対話できる意義も見落としてはならない。今の高校生が何を考えているのか理解し、また、生徒たちが努力する様子を目の当たりにして、つまりは、よくする会の目的である相互理解を進めることによって、学校をよくするために保護者組織は何ができるかを考え、それを実行してきたのである。

このように、生徒だけでなく教師、保護者たちが当事者意識を持って学校づくりに参画するきっかけとそれを続ける動機づけを「よくする会」がもたらしている。新型コロナ禍により、行事もよくする会もそのあり方の見直しを余儀なくされているが、入間向陽高校の生徒・教師はこれまでの実践を踏まえて、何らかの解決策を見出していくものと思われる。これからも向陽高校と「向陽高校をよくする会」の活動を注視していきたい。

注

1　ただし、二〇〇二年に高等学校を含む諸学校の設置基準で学校の自己評価についてのみ努力義務とされていた。

第6章　高校生が地域を考え、創る自主活動と授業 ＫＯＫＯ塾という取り組み

横出加津彦
（和歌山県立粉河高等学校）

はじめに

一八歳選挙権が導入され、全国的に主権者教育への関心が寄せられた二〇一六年の参議院議員選挙。しかし、二〇一九年七月の今回の参議院選挙は、全国的に見て関心が薄れたといってよい状況である。報道では、森友・加計問題、それにまつわる文書改ざん、赤木さんの命をかけた訴えにも耳を傾けない為政者。疑われた場合身の潔白を証明するのは自分であるのにもかかわらず自分から調査をしないと公言する高慢さ。さらに沖縄基地問題、三・一一後の度重なる原発マネー問題と隠蔽、しかし辞めない原子力エネルギー政策。新型コロナウイルスによるアベノマスク問題などがと

りあげられていた。これは保守、革新に関係なく日本の危機であるにもかかわらず、内閣支持率が急落しない奇妙な状態が続いている。

こういった大人のおこなう政治に対して、高校生が何を考えているのか。無力さか、無関心か、無気力か。こういった状況をすぐに改善できる特効薬はないが、地道に地域から日本を考えていく・変えていくために、本校は全国的にも珍しい取り組みをおこなっている。それはＫＴＭ（Koko Triangle Meeting）と呼ぶ三者協議会と「ＫＯＫＯ塾『まなびの郷』」である。

ＫＴＭは、二〇〇三年におこなった「学校を変えたい」というフォーラムから始まり、三者協議会として県内で一番古く、現在も続いている。トイレや黒板、カーテンなどの施設改善や校則（カーディガン着用要求や体育祭でのスマホ撮影）などの要求が実現していった。さらに授業への要求があがり、生徒が先生を評価する授業アンケートも実施するようになった。このように生徒会活動が活発で、「自分たちの学校」という意識を持ちやすい教育環境にあると言って良い。なお本稿においては、三者協議会についての記述は割愛し、以下ＫＯＫＯ塾について述べることにする。

ＫＯＫＯ塾とは、授業ではなく、放課後・土日を利用して、和歌山大学や地域の人たちと一緒に本校生徒が自主活動をおこなう取り組みである。その基本理念は、①高・大・地域連携、②主体的な学び「なりゆきまかせの客体から、みずからの歴史をつづる主体へ」（ユネスコ学習権宣言、一九八五年成人教育会議）、③地域をつくる学びの探求。自分づくりと学校づくり、地域づくりの統合、④異世代・異分野（高校生、学生・院生、地域住民、高校教員、大学教員、行政職員、商工会、地域住民）からの参画者とその組織の育ちあい、高めあいとなっている。学びを主眼においた自主活動であるため、授業との連携も模索されている。もちろん、ＫＯＫＯ塾は学校の取り組みであるが、それぞれの教科・科目との連携についても私自身の実践を交えながら、紹介したい。

本校の歴史と地域について

私の勤務地である粉河の地域は、粉河寺を中心に門前町が形成された、歴史・文化が息づく町である。二〇〇五年に粉河町・打田町・那賀町・桃山町・貴志川町が合併して紀の川市となり、人口六万六二三一人・総面積二二八・五四㎢を擁する市となった。

本校は、明治三四年に創立された旧制県立粉河中学校と大正二年に創立された旧制県立粉河高等女学校を前進とし、昭和二三年に県立粉河高等学校として発足した。

現在生徒数は、一学年六学級の約七二〇名である。和歌山県の公立高校通学区は全県一区ではあるが、紀の川市と隣の岩出市の出身者が約八〇％を占める地元の高校といえる。

生徒の様子は、進学に特化しているわけでもなく、クラブ活動だけを重視することもない。生徒も先生ものびのびしているように思える。さらに、生徒会活動や自主活動・ボランティア活動に積極的な生徒が多い。

ＫＯＫＯ塾『まなびの郷』とは？

ＫＯＫＯ塾は二〇〇二年度に和歌山大学、地域（紀の川市行政・商工会・地域のＮＰＯ組織）と粉河高校が連携し、地域公開型の四つの講演会を開催したことにはじまる。翌二〇〇三年度からは、「ＫＯＫＯ塾『まなびの郷』」という名で、テーマごとのワークショップ形式（ＷＧワーキンググループ）での学習に取り組むこととなり、現在まで続くことになる。

先輩が、四月に一年生に対してオリエンテーションをおこない、毎年一〇〇名ほどの登録がなされ、放課後・土日に活動する。「まちづくり」「福祉」「教育」「環境」「情報」の五つのＷＧが設定され、独自の活動を行ってきた。本校の高校生やその他の連携した学校（小・中・他高校）、大学生、大学院生、地域の住民が参加し、和歌山大学からは各ＷＧのテーマを専門とする教員五名が顧問となってくれている。定まったカリキュラムがあるわけではなく、参加者が自由に意見やアイディアを出し合って年間の目的やテーマ、具体的な活動方法などを話し合いながら決め、一年間活動していくという方法で運営されている。高校生と大人が同じ立場で話し合い、それらをまとめ上げていく全員参加型の学びを創り出すことを重視しており、学校での授業・講義とは全く違うものである。

KOKO塾の現在までの取り組みと成果

一八年目を迎え、五つのWGの成果が出てきている。「まちづくりWG」は地域の宝探しをすることから活動を始め、二〇〇九年には地元とんまか通り商店街を一軒一軒訪ね、インタビュー調査を行い（DVD撮影）、その結果を取りまとめた。二〇〇六年から「オープンカフェ」（町中の露天カフェテリア）をはじめ、恒例行事となって今日まで継続している。二〇一一年に地元を紹介する高校生による「粉河ガイド」に取り組むことになり、現在では地元粉河中学校の総合的学習の時間にも中学生を相手に高校生がガイドを務めている。同じ年に全校生徒からマスコットキャラクターのデザインを応募し、「こかワン」が誕生した。そして二〇一二年にゆるキャラとして「こかワン」というかぶり物を何体も作った。二〇一四年には、一日限りの「オープンカフェ」ではもの足らず、粉河町にある大正六年建築の古民家（山崎邸）を借りて、高校生オリジナルメニューで高校生カフェを開業。ほかにも環境WGは水をテーマに水質調査をした結果、有機栽培が、環境にも健康にも大切であることを学び、校庭に畑を作り、さつまいもやトウモロコシなどを育て、オープンカフェで販売したこともあった。

以下に二〇一八年度、二〇一九年度に注目された取り組みを紹介したい。

二〇一八年一〇月二七日（土）　ＡＬＳ患者　保田俊和さんの授業

ＫＯＫＯ塾「まなびの郷」の特別企画として、ＡＬＳ（筋萎縮性側索硬化症）の難病に苦しむ元理科教員の保田さんが、母校の粉河高校でもう一度授業をおこないたいとの思いにこたえ、特別授業をおこなった。学校運営協議会における第一回の会議のなかで、ＫＯＫＯ塾を知ってくれていた看護士のＰＴＡ役員の方が提案してくれて、実現した。

事前にＫＯＫＯ塾生徒からサポーターを募集し、手を挙げてくれた七人の生徒とともに、保田さん宅にお邪魔して、当日の打ち合わせなどを経て、一〇月二七日（土）一〇時から、公開授業を実施した。当日参加してくれた生徒が四つの班に分かれて、「果物が電池になるか調べよう」「ポンポン船」の実験に取り組んでくれた。予想以上に実験は盛り上がり、大成功。最後に保田さんが思いを語ってくれ、会場は「生きる」ことの意味をもう一度考えることができたすばらしい授業となった。参観に集まってくれた生徒約二〇名、一般三〇名、各新聞社・ＮＨＫ・テレビ和歌山などカメラもいっぱい。うれしかったのは、保田さんの元同僚や教え子の方も集まってくれたことだった。

保田さんの授業、最後の言葉

「（前略）いつの間にか私の心から「自死」のカードが消えていました。「生きる」選択肢が復活していたのです。「優しい心で支えてくれる人たちがいる」――これは私に病気と闘う勇気を与えてくれました。食べられなくなる日、話せなくなる日、足が腕が動かなくなる日、……様々な壁が未来に見

保田さんの授業風景

えています。でも負けません。ALSは筋力は奪えても心は奪えないのです。誰もが優しい心の手を持っています。あなたの周りに助けを必要とする人はいませんか。もし必要な人がいた場合、少しの勇気を出して手をさしのべてください。私の場合のように、大切な人を救うことになるかもしれません。そして、あきらめないでください。「災い転じて福となす」今の私は以前にも増して充実した人生を送っています」

　この授業は、生徒にも大きな影響を与えた。一人の生徒の感想を紹介する。

「今回は本当に授業が大成功して良かったです。私は保田さんのご自宅に伺わせていただいたときにも言ったのですが、一昨年に私の祖父ががんで亡くなりました。祖父は昔からたくさんの病気やがんを患っていて、最後には色んなところに転移してしまって自宅で死を待つのみ

保田さんの授業風景（理科の実験をおこなっている）

授業後の保田さんと参加者との記念撮影

のようになってしまいました。私は祖父が亡くなる直前に手を拭いてあげてたのですが、息が少し途切れた瞬間にもうすぐ死んでしまうんではないかと不安になって、弟に代わってと言ってしまって逃げました。その直後に祖父が亡くなりました。今もその時の後悔が、ずっと残っています。そして今回の件があったので、力になれればと思い、参加してみました。

自分は助けるだけだと思って、家に伺わせてもらうと、「理科を教えるのが大好きだ」という気持ちと何よりも、たくさんの人に助けられて〝生きる力〟を持った保田さんの強い心に感動して、「あっ、逆に助けられてる」とどんどん思ってきました。ALSを患っても、強く生きている保田さんは私の背中を押してくれました。あの時の後悔は、これからの経験で覆していきたいです。今回の授業でたくさんのことを学びました。そして保田さんにも強く生き続けて欲しいです。ありがとうございました」

二〇一九年八月二四日（土）盆踊り復活プロジェクト

昨年のALSの取り組みに続き、今年度は地域の人と今まで以上にタッグを組んで、粉河地域でかつて踊っていた「盆踊り」を復活させようと取り組んだ。その名も「盆踊り復活プロジェクト」。この指止まれ形式で実行委員会を立ち上げ、すぐに手を挙げたMは、やる気がとてもあり、リーダーとなった。盆踊りは夕方からおこなうので、それまでの間にいろいろな企画を考えようと、七

粉河保育園で高校生が園児と盆踊りを練習している様子

月八日（月）の放課後、当日の企画内容を話し合い、決定した。生徒たちが考えた企画は以下の通りであった。

①　イケメン・イケジョ浴衣コレクション
②　のど自慢大会（地域の人と高校生のデュエット）
③　教育WG　しゃべり場（地域の活性化について高校生と語ろう）

のど自慢大会参加者の募集方法や審査方法、その司会進行など、多岐にわたり話し合った。また幅広い参加を町民に呼びかけるため、先ずは保育園に訪問することを決めた。粉河保育園は、協力的に動いてくれて、本校生徒二〇名で保育園を訪問した（七月九日（火））。園児も当日参加できるように、「アラレちゃん音頭」を踊ることに決定。一〇〇名を越える粉河保育園において、高校生と一緒に園児がアラレちゃん音頭を練習した。本番までに地域の踊りの先生である増田弥生さんほか二名を講師に迎え、かつて粉河で盆踊りとして踊っていた「粉河トンマカ」を本校で練習した。

盆踊りの本番に向けて、実行委員が会議をしている様子

盆踊り復活プロジェクトチームは、盆踊りの練習だけではなく、地域の方に踊りの意味や振り付けを教えてもらったり、本番までに会議や準備物を用意していった。

いよいよ八月二四日（土）。当日は、雨がとても心配だったが、何とか小雨にとどまり、無事最後まで盆踊り大会を終えることができた。提灯は商工会、櫓《やぐら》は地域のNPO団体、発電機は学校運営協議会委員である大西電気さんが無料で出してくれた。また模擬店には力寿司さんから寿司ではなく焼きそばや綿菓子を、麦の郷『創カフェ』（社会福祉法人）さんからフランクフルトなどを出店していただいた。もちろん高校生も手作りピザを出し、踊りに花を添えた。KOKO塾が一八年間活動してきた成果がここに結集したと感じられる一日であった。

M実行委員長の最後の挨拶は、準備の苦労話と成功したことの喜びと支えてくれた人たちへの感謝の言葉で、涙がこぼれおちていた。

盆踊り当日の様子

　本番が終わり、反省会議で久しぶりに実行委員会のメンバーと顔を合わせたときに、二〜三行でいいからと思いを書いてもらった。すると二〜三行ではなく、時間を忘れてたくさん感想を書いてくれた。リーダーの感想を紹介したい。

「盆踊りプロジェクト実行委員長という立場に、最初はびびっていました。しかし、気づかないうちに成長していたらしい私は、取材にも答えることができ、盆踊りの本番もスムーズに、かつ楽しい雰囲気をつくることができました。私自身が楽しめたことと、参加してくれたみんなが楽しそうに笑顔で踊ってくれたことは本当にうれしかったです。この盆踊りプロジェクトのおかげで、人前に出ることも、面倒くさいと思いがちなことに積極的に参加することも、何の苦にも思わなくなりました。この企画を進行した私に感謝してくれる人たちもいますが、私はＫＯＫＯ塾に大感謝です。ＫＯＫＯ塾のおかげで成長できた私がやり遂げた初めての大きな行事であるので、ＫＯＫＯ塾ありきのことです。自分自身で成長を感じられることができるなんて、普通にすごくないですか？　もし、来年、私の後ろに続いてリーダーをやってくれる人がいるなら、後悔は絶対にしないと声を大にして言いたいです。絶対に自分のためになるし、絶対に人として成長できるので、ぜひ、ぜひぜひ来年もして欲しいです。来年の夏、期待しています」

ＫＯＫＯ塾による地域の変化

地域の側も、ＫＯＫＯ塾での学びを生かして「地域のつながりを取り戻そう」と商店主らが立ち上がり、ＮＰＯ法人紀州粉河まちづくり塾を発足させた。商業振興だけでは消費者には長く受け入れてもらえないと考えるに至り、「人づくりから地域づくり」を目標に、各種団体とも連携をとりながら、活動を継続している。

地元商工会では、粉河ガイドの時にお世話になった地域の郷土史家の方が中心となり「粉河検定」をはじめた。私も含め集まって問題を作成し、地域の方々に呼びかけ、実施している。もちろん、ＫＯＫＯ塾の生徒たちも受検している。

行政からは、教育委員会はもちろん、商工振興課・企画経営課・市長公室、地域おこし協力隊などがそれぞれにＫＯＫＯ塾と一緒に取り組みをすすめてくれている。さらに紀の川市の長期総合計画策定にあたってのワークショップに参加させていただき、将来の紀の川市についての意見を高校生の立場から提案させてもらった。そして現在すべてのＷＧに市役所職員の有志の人たちが高校生と一緒にアクションプラン実現に活動していただいている。

ＫＯＫＯ塾と授業の関係性について

以上のように、ＫＯＫＯ塾は、地域に飛び出し、高校生が地域の歴史や文化を知り、地域の人たちと交流し、視野を広げ、地域づくりへと歩をすすめていった。しかし、こういった自主活動は、イベント屋となってはいないか？　本当の「学び」を求めた活動となっているのか。そのためには、普段の授業とのリンクが欠かせないと考えている。ここで私の社会科での授業実践を紹介したい。

《「地理」の授業実践》

地理分野における『第三次産業』（商業・観光・都市・過疎化）などを学習するために、商店街の方々に高校生と討論をしてもらう授業を実践した。討論テーマは「商店街は、必要か不要か」というもの。生徒たちの真剣な議論のなかで、商店街の方々も広い心でそのテーマで議論を続けてもらった。討論授業の前にＫＯＫＯ塾講座「イギリスの商店街再生計画」と題した足立基浩和歌山大学教授（まちづくりＷＧの顧問）の講演時の資料を授業に持ち込み、イギリスにおける郊外大型ショッピングモールと中心市街地商店街との関係について、日本と比較しながら学習した。また日本の流通の変化や粉河門前町の変化も、粉河町史の商店街の変遷資料を活用して授業をおこなった。

さらにＫＯＫＯ塾まちづくりＷＧのとんまか商店街を取材したインタビュー内容をプリントにし、ビデオを視聴しながら授業をすすめた。商店街と大型ショッピングモールとの長所・短所を比較し、到底勝ち目がないと思っていた商店街の良さ、例えば「イオンはどの県に行っても同じ商品。個性がない。その点、町の商店街は個性豊か」など生徒から地域を見直す発言が飛び出し、商店街活性化案にまとめられていった。生徒の授業感想として「地元の人たちの意見や考えは、自分たちとは違う角度からの視点で、とても参考になった」「誰もが熱く語り合っていた。商店街の人も来てくれて現在の商店街についてよくわかった。どの班も独創的で面白かった」「商店街の人たちがわざわざ来てくれて、自分たちの案が実現するかもしれないというリアルさがあってよかったと思った」「やっぱり自分の町についてだと、身近でイメージしやすいから、考えやすかったと思う。こうやってみんなでとんまか商店街のことを考えること自体が未来のこの町の活性化につながるんじゃないかなって思った」など意見があり、今回の授業の成果を確認することができた。工業学習の「産業空洞化」とリンクしながら、中心商店街の課題が地域の課題として新たに認識され、それが全国・全世界的の課題であると考えることができた。

「日本史」の授業実践

江戸時代を扱うとき「綿花・金肥」についての理解を深めておき、後の授業で商いしていたのが

現在も掲げている看板

粉河大庄屋「鳴尾屋」であったことを示す。「鳴尾屋」は、今は「肥料・酒類」の営業は辞めているものの看板は挙げており、粉河ガイドの一つの解説ポイントになっている。幕末期に「紀ノ川筋大一揆」が起こったとき、「鳴尾屋」は打ちこわしの対象として襲われていることを示す史料が残っている。この授業の理解が深まっていれば、幕末期の騒擾も理解しやすい。さらに、綿花は多くの肥料を必要とし、その肥料である干鰯を中心とする金肥は、漁業の活発な紀州藩の大きな収入源であった。さらに、綿花は、明治期の「綿ネル」産業の土台となっていく。「紀州ネル」とも言われた和歌山県の大きな収入源、大阪・京都をおさえ、大正七年には全国シェア七二％に達していく。それは、明治期からの軍服に綿ネルが使用されたためだ。ＫＯＫＯ塾の地域の拠点でもある大正六年建築の古民家「山崎邸」は、山崎栄吉・栄助が「綿ネル」で儲けたお金をつぎ込んで建てられた豪邸である。家は初めて行けば迷うほどの広さで蔵は三つあり、風呂やトイレは大理石でできている。この古民家が、生徒の下校時間にライブハウスとして、さらに高校生カフェとして、ぷらっと立ち寄る地域の拠点となっている。そこが近代和歌山の基幹産業であった

鳴尾屋の正面入り口

「綿ネル（紀州ネル）」を生産していた社長の豪邸として、授業に登場してくるわけだ。これも、生徒の驚きとして、歴史を再発見していくきっかけともなっていく。つまり「綿花」は江戸〜明治〜現在と時代を通して突き通せる教材である。

《「政治経済」の授業実践》

政治経済の授業では、一八才選挙権、主権者教育を中心に授業を展開した。選挙に行かない若者の政治離れの問題や、外国との比較、若者の投票率を上げる方法を具体的に提案するグループワークをおこなった。特に、国政選挙では選挙事務所に生徒からの質問状を届け、返事をもらって授業をすすめるなど、政治を身近に感じさせた。さらに地方選挙を大事にし、紀の川市議会議員の月収や平均年齢、当選者の票数などをクイズにすることで選挙への関心を高め、地方自治（紀の川市行政）へと展開していった。具体的には、五町合併をおこなった紀の川市の図書館について、現実には五つあった図書館を二つにする合併について、賛成・反対で討論をおこなった。賛成派は、財政問題から光熱費・人件費など合理的に合併することのメリットをあげた。反対派は、図書館を利用する年齢層が、高齢者と子どもたちだという点に着目し、場所が遠くなることの問題を指摘した。

最終的に「年齢に関係なく、自分たちの地域を住みよい町にするためには？」という問いに発展し、ＫＯＫＯ塾の取り組みを授業で紹介しながら、地域づくりについて論議していった。生徒の感想には、ＫＯＫＯ塾と授業がしっかりリンクしていたことがわかる。「授業を受けて、あらためて若者がこれからの日本の政治を考えていかないとダメなんだなと思いました。今のままでは将来自分たちが損するだけだから、もっと関心を持つように呼び掛けが必要だと感じました。その呼びかけの一つがＫＯＫＯ塾だと思います。自分たちの活動で、たくさんの人が動いてくれるというのを知れば、自分たちみたいな若い人も政治的活動に関心や興味がわくのかなと思います」「ＫＯＫＯ塾は財政難であろうが何であろうが積極的に続けるべきだと思う。たぶん粉河高校からＫＯＫＯ塾をもぎ取れば、地域は一気に活力を失い、粉河から人が消える。ＫＯＫＯ塾をおこなう意味とは、まぎれもなく地域活性化」「若者よ、立ち上がれ！　若者が選挙に参加して、今までにない若者向けのことをおこなうことで、日本はいい方向に向いていくと思う。今のままでは日本は悪い方に向く。再び戦争の方向に自らをしむけている。私たちが知らない地域の問題。すごくためになったし、貢献している気分になった」

またＫＯＫＯ塾卒業生たちが力を貸してくれることもあり、ＫＯＫＯ塾サポーターズクラブ（Ｋ

ＯＫＯ塾ＯＢ・ＯＧ組織）が生まれた。和歌山県のＮＰＯ組織「自治ネットワーク」から、「今回の参議院議員選挙（二〇一六年）は、ぜひ高校生の力を借りたい」というお誘いがあり、立候補者を集めた公開討論会を、ＫＯＫＯ塾と一緒におこなうことができた。

『自治ネットワーク』やＫＯＫＯ塾ＯＢ・ＯＧ、教員などで何度も会議を持ち、模擬授業を実施し、他校社会科教員にも参加を呼びかけた。他校からも高校生の意見をＦＡＸなどで送付してもらい、最終的な質問を協議していった。

当日は、告示前の平日の放課後、ホテルの会場を借り、約二〇〇名（うち高校生二〇名）を集めた。三人の立候補者に対して、本校ＫＯＫＯ塾ＯＢが司会進行役を務め、授業における高校生の意見を質問していった。「政治不信を改善する方法は？」「非正規雇用・ブラック企業への対策を教えてください」「奨学金の返済について。教育費が高すぎて、進学をあきらめてしまう。他国と同じように教育への支出を増額して欲しい」など、歯に衣着せぬ質問が続けられた。

選挙の授業から地方自治の問題へ、そして教室から飛び出して公開討論会へ。生徒たちが考えた参議院議員立候補者への質問状を提出するという授業は、生徒たちの意識を高めたことは間違いない。また公開討論会の取り組みは、多くのマスコミに取り上げられ（例えば読売新聞一面に掲載）、多くの生徒がインタビュー攻めにあったが、その分、生徒の成長を促したのも事実であった。また、ＫＯＫＯ塾ＯＢ・ＯＧサポーターズクラブのようなものが立ち上がったことも、最大の成果だった。しかし、政治経済の授業では意見を出し合い、意欲的だった生徒が、当日の公開討論会に参加したのはたった一名で、ほとんどがＫＯＫＯ塾参加メンバーだった。やはり、授業と現実の世界をつなぐことは難しい。

おわりに

ＫＯＫＯ塾が一八年目を迎え、地域の日常を自分たち高校生の力で変えていこうとする能力を養うことが「政治参加」であり、主権者教育なのだと考える。それは、地域だけではなく、本当に身の回りのＨＲ活動や生徒会活動によって、自分たちの学校を創りあげる取り組みから出発するということはもちろんである。今回は紙幅の都合で紹介しきれていないが、三者協議会を持ち、文化祭・体育祭も含めて生徒会活動が活発である本校だからこそ、地域へ出かけていく素地があること。また組合活動も活発であり、教職員も民主的な学校づくりに取り組んでいることが重要である。

さらにその自主活動と授業がリンクすることにより、自分たちの地域固有の課題と認識していたことが、全国・全世界の課題と共通していることを知り、新たな社会的課題（過疎化・高齢化・少子化など）を見つけ出していくことにつながる。その課題解決を考えていく具体的な過程でＫＯＫＯ塾の意味を再認識し、ＫＯＫＯ塾の新たな扉を開けていくと考える。まさに、授業と民主的な自主活動は車の両輪である。今後もリアルに地域にアクセスしていくダイナミックな取り組みを生徒とともに追及していきたい。

第Ⅱ部

研究編

第7章　開かれた学校づくりからみた国民の教育権論の基本問題

宮盛　邦友
（学習院大学准教授）

はじめに

国民の教育権の教育実践的展開、それが「開かれた学校づくり」である。

国民の教育権とは、狭義には「教育する権利（権能ないし権限）」であり、広義には「教育の当事者である子ども、親、教師、国民、国家等の、教育に関する権利・義務、責任と権限の関係の総体」[注1]である。開かれた学校づくりとは、「教師、子ども、保護者、住民（地域の機関を含む）の学校参加」[注2]である。これからすると、開かれた学校づくりとは、「広義の国民の教育権の学校参加論」、ということができる。「質の良い教育法学の理論と優れた教育実践は結合するはずであ」り、「実践的な教育法学の創造が課題となっている」[注3]との指摘からすれば、国民の教育権と開かれた学校づくりが切り結ばれることは、きわめて重要な教育学・教育法学の理論的・実践的課題なのである。

この開かれた学校づくりをリードする浦野東洋一は、開かれた学校づくりを、学校評議員制度や学校運営協議会（コミュニティ・スクール）と比べた時に、「子どもが参加し、子どもが中心に据えられていること」という子どもの権利と「教職員、子ども、保護者、住民は、それぞれの立場や役割は違うが、原理的には人間として対等平等であると認識され、そのような雰囲気に協議会やフォーラムが運営されていること」という学校の公共性でもって、「『教職の専門性』を問い直し、『同僚性』を形成し、④（パートナーシップ（参加協力）――引用者注）の力を飛躍的に強めること」という開かれた教職の専門性を問いなおす[注4]、という戦略を提起している。そうすると、校則や授業等の改革から学校の条件整備まで、開かれた学校づくりの視野はかなり広いことになる。それらの内実（実践）については、前著『開かれた学校づくりの実践と理論』[注5]および本書『同Ⅱ』において論述されている通りである。

ところで、国民の教育権論をめぐっては、きわめて論争的である。その論争の中から「学校改革」・「授業改革」・「教育委員会改革」という三つの論点をとりだして、開かれた学校づくりから見るとそれらはどう見えるのだろうか、というのを、国家主義・新自由主義の教育改革との対抗の中で、素描する、それが本章の主題である。

1　学校改革

国民の教育権論の第一の課題は、「学校改革」である。その学校論構想としては、堀尾輝久によって、「人格形成学校」[注6]がすでに理念的に提起されており、その現実的形態が、「開かれた学校づくり」となる。

学校論・公教育論構想としては、大きく把握すると、選択に基づく学校論・公教育論と参加による学校論・公教育論に分けることができる。学校選択論に関しては、黒崎勲などの研究が有名である。[注7]ここでは、選択と参加を対立的にとらえながら、国民の教育権論における学校参加論の意義を確かめていくことにしたい。

学校選択論の論点は、勝野正章によって、「市場化・民営化論においては、国家活動の肥大化と福祉国家への『依存』に対する批判とならんで、公共機関を動かしているのは公共性、利他心、専門職的倫理ではなく、官僚制、政治家、専門職の自己利益追求であるとして、官僚制、専門職主義が批判されること」・「親の教育要求の多様性、社会における価値多元性を尊重し、それらを促進しようとする志向性が、市場化・民営化論、公立学校選択論、規範的（権利論的）公共性論のいずれにも共通する」[注8]、という二点が指摘されている。つまり、教師の官僚制・専門職主義の抑制、および、それの親の教育要求との均衡、がその論点となっている。

第一の教師の問題については、国民の教育権論の中核的な課題である。これについては、例えば、勝野・黒崎論争によっても、勝野の「国家権力との関係についていえば、教師の教育の自由を尊重することが教育の中立性の『民主主義的』保障であることは、一九五八年の勝田守一・堀尾輝久による『国民教育における「中立性」の問題』以来すでに、理論的には十分論じ尽くされてきたこと」[注9]という見解に対して、黒崎の「勝野のなかにある『教師の教育権』の枠組みの絶対化という国民の教育権論の主流的パラダイムから自動的に導き出された理解の躓きを表す」[注10]、という反論がなされている通りである。この文脈からは、勝野は国民の教育権擁護論であり、黒崎は国民の教育権批判論であることが分かる。学校選択論では、「抑制と均衡」という原理によって、親の学校選択が教師の専門性を問いなおす、という論理を採用している。しかし、この論理の中には、親がどのような存在であるのか、ということが問われる仕組みがなく、また、親の成長を通して学校を選択する、ということが想定されていなく、場合によっては、親のイチャモンのような親の教育要求に教師の専門性が追随する可能性すらもっている。この点、学校参加論である開かれた学校づくりでは、教職の専門性を問いなおし、同僚性を形成し、パートナーシップ（参加協力）の力を飛躍的に強める、となっている。つまり、子どもの権利や親の教育要求という権利によって、官僚制や専門職主義を乗り越える開かれた教職の専門性は規定される、となっているのである。これは、最初から教師の教育権が規定されている教育法学の主流派の教師の把握の仕方とは異なっている。

第二の親の問題については、今橋盛勝の学校父母会議（父母組合）の構想[注11]にある通り、やはり国民の教育権論を支える重要な課題である。これについては、学校選択論は、先に指摘した通り、親を学習・教育主体として位置づけていないが、学校参加論において、勝野は、「日本でも広い意味での学校参加場面における教師の親に対する優位性が指摘されることは少なくなかった」[注12]としている。従来の学校参加論では、教師の自己教育活動（研修）が盛んに研究されてきたのに対して、学習権・教育権主体としての親の学習活動の深められ方が不十分であった。この点、学校参加論としての開かれた学校づくりについては、三者協議会や学校フォーラムが子ども・親・教師・地域住民相互にとっての学習活動の機能をもっており、親の学習活動が明確に位置づけられている。つまり、国民の教育権論における親の教育権は、子ども―教師関係だけにとどまらない、新しい教育の公共性の契機をもっている、と解釈できるのである。

さらに、学校選択論には見られない学校参加論の決定的に重要な視点は、開かれた学校づくりでは、権利としての親の学校参加のみならず、権利としての子どもの学校参加を位置づけているところにある。子どもの権利は、結局のところ、教育行政学や静態的教育法規から学校選択論を構想した場合にはまったく登場しない、教育学や動態的教育法学からの学校参加論だからこそ登場する視点なのである。

このように、学校改革としての学校参加論は、子どもを中心とした親・教師・地域住民による国民の教育権論の実践的展開である、ということができる。そして、学校の公共性とは、国民の教育権・開かれた学校づくりで言えば、子ども・親などの人権に根差した公共性、ということになるのである。ここに、新しいタイプの公立学校のような人権を無視した新自由主義的な公共性との決定的な違いがある。

2　授業改革

国民の教育権論の第二の課題は、「授業改革」である。その授業論構想の一端としては、堀尾輝久によって、「生涯にわたる発達と学習の権利」[注13]として提起されており、宮下与兵衛たちによって教育実践[注14]として取り組まれている。

授業論構想に関わっては、マクロな視点からではあるが、戸波江二によって、教育内容決定権の重要性が展開されてきた。[注15]ミクロな視点である授業については、校則などに比べて、必ずしも十分に深められてきたとは言い難い。ここでは、教育内容決定権に関わる問題を掘り下げながら、国民の教育権論における授業論の意義を確かめていくことにしたい。

教育内容決定権の論点は、戸波によって、「教育内容そのものについて、国家主義や国家イデオロギーの教育への浸透がそもそも許されないことを主張するとともに、あるべき教育としての憲法の基本価値を教えることの重要性を主張していくべきである」と述べられて、「要は、子どもたちの将来の成長と社会の場での活躍にとって、何が必要なのか、何が教えられるべきではないのか、という議論をしっかりと行うことが必要である」[注16]と指摘されている。これは、つまり、立憲主義の立場から、子どもの権利としての主権者教育をおこなうべきである、というのである。これに対しては、市川須美子が、間接的にではあるが、「教師権力者論からの教師の教育の自由の否定説は、〔中略〕憲法学・教育学両者に一定の影響力を有し、教育法学内部での論争につながっている。しかし、現在の憲法学説が自明の前提にしている学力テスト事件最高裁判決は、教育法学界のいわば総力戦によって勝ち取られた教育人権宣言判決で、子どもの学習権とともに、〔中略〕教師の教育の自由を承認し、これを、〔中略〕子どもの学習権、人間の尊厳からも裏打ちしている」[注17]と反論している。これは、つまり、教育の自由論の立場から、子どもの権利としての人間教育をおこなうべきである、というのである。戸波の主権者教育権論と市川の人間教育権論は、相対立している憲法学と教育法学の論争として読まれるべきであるが、しかし、よく読むと、国民の教育権論の基礎には子どもの権利がある、という点では共通項を有していることが分かる。

では、その子どもの権利とは何なのか。開かれた学校づくりに即してみれば、それは、授業における子どもの権利を見てみると分かる。開かれた学校づくりと授業づくりの関係について、勝野は、「教師たちが児童・生徒を学校づくりの協同主体（パートナー）として信頼すれば、児童・生徒はその信頼に十分に答えうる」のであり、「教師にとって授業づくりの協同主体である生徒が『よい授業とは何かを』問うことは、決定的に重要なこと」[注18]である、と主張している。つまり、授業とは何かと問う子どもの声こそが子どもの権利であり、それに応答するのが、教師の権限と責務ということになるのである。これは、法学では解明できない、教育学が国民の教育権論に貢献できる、学校における教育実践の教育実地研究といったような教育学的研究をふまえた教育条理の解明である。

開かれた学校づくりの実践においては、三者協議会・学校フォーラムにおいて、校則の問題から取り組み、次第に、授業の問題へと、議題が展開していく。それを、浦野は、「話し合いのテーマは、生活指導上の問題（いわゆる校則にかかわる問題）、施設・設備の問題から、授業、学力、進路の問題へと発展する。これは法則的といってよい」[注19]と指摘しているが、これを国民の教育権論がどのように組み込むことができるのか、が今後の課題だと言えよう[注20]。

このように、授業改革論としては、これからも、子どもと教師による関係的・応答的な国民の教育権論の理論的・実践的展開を目指して学習・研究を積み重ねていかなければならない、ということができる。そして、その中軸である子どもの権利とは、国民の教育権・開かれた学校づくりで言えば、子どもが授業を問う人権としての意見表明権、ということになるのである。ここに、主権者教育のような国家主義と親和性をもっている可能性がある子どもの権利との決定的な違いがある。

3　教育委員会改革

国民の教育権論の第三の課題は、「教育委員会改革」である。その教育委員会構想としては、三上昭彦によって、「子ども・保護者・住民・教育関係者等に開かれた『新しい教育委員会制度』の確立」[注21]として、開かれた学校づくりに先立つ教育委員会準公選運動をふまえた提起がなされてい

る。また、中田康彦による、開かれた学校づくりをはじめとする教育行政改革実践の事例分析もなされている。[注22]

特に、教育委員会構想に関わっては、中央の教育政策に直接に関与している小川正人も教育委員会構想にとどまらない、教育行政制度構想を提起している。[注23] ここでは、小川のいう開かれた学校づくり論を手がかりとしながら、国民の教育権論における教育行政論のあり方を模索していくことにしたい。

小川は、「学校・教員と保護者・子どもの法的関係」を考えていく際に、「保護者・子ども全体、あるいは多数の意向を集約してそれを学校の教育活動や学校運営に反映させていくルート・しくみ」として、「『開かれた』学校づくり」[注24] を位置づけている。そして、その具体的事例として、学校評議員制度と学校運営協議会を取り上げている。小川は、学校教育法や地方教育行政の組織及び運営に関する法律などの実定法上の学校づくりのみをカッコつきの開かれた学校づくりとしており、浦野が力説するような慣習法上の学校づくりを無視している。例えば、それは、勝野が、「多元的な公共性に基づく『開かれた学校づくり』へ」[注25] として、法律に規定された学校づくりにとどまらない議論をしているのとは、対照的である。

その上で、小川の問題提起で重要な点に、「教育の民主主義＝誰が教育を統制・管理するのか」[注26] がある。なぜならば、開かれた学校づくりは、人権的・民衆的な教育の民主主義を実践しているからである。小川のいう教育の民主主義とは、縦軸に専門統制と行政統制、横軸に国民統制と市場統制をとることで、教育の統制・管理のあり方を類型化しようとするが、開かれた学校づくりは、これのどこにも位置づかないのではないか、と思われる。

では、開かれた学校づくりは、どのような民主主義なのだろうか。開かれた学校づくりは、国民の教育権論の構造からすると、子ども・親・教師・地域住民、そして、教育委員会を含んでの権利・義務関係である、新しいガバナンス論（教育統治論）としてとらえることができるだろう。だから、教育委員会論の柱である地域住民（素人統制）と教育委員会（専門的リーダーシップ）の関係は、開かれた学校づくりにおいては、「原理的には対等平等[注27]」として把握すべきなのである。この点では、親（素人統制）と教師（専門的リーダーシップ）の関係と共通する、ととらえる必要がある。

そういった中で、開かれた学校づくりと親和的な「効果のある学校[注28]」についてではあるが、小川が、「『効果のある学校』の特徴＝諸要件は、教育行政が学校に『外部』から働きかけることで創り出すことが出来るものなのか、あるいは、そうした『外部』からの働きかけには限度があり、学校内部から校長、教職員、子ども、地域・保護者等の営みで『内生的』『自生的』に生み出されてくるこのなのか[注29]」という問題提起をして、「後者のような認識の方が正しいように思える」と見解を述べていることに注目しておきたい。この問題提起は、実は、開かれた学校づくりの実践によって後者であることが証明されているのではないだろうか。そうすると、学校評議員制度やコミュニティスクールのように、教育行政が主導している学校改革は、教育行政学としては成立していると見ることはできるが、教育学としてはそこに子どもを中心とした教育的コミュニケーションが不十分である、という意味において不成立だということができるのである。

このように、教育委員会論は、子どもを中心とした国民の教育権のガバナンス論である、ということができる。そして、素人と専門家との関係は、国民の教育権・開かれた学校づくりで言えば、開かれた素人統制と開かれた専門的リーダーシップの同時成立、ということになるのではないだろうか。これは、開かれた教職の専門性とパラレルにとらえなければならないのである。ここに、素人統制の優位あるいは専門的リーダシップの優位との決定的な違いがある。

おわりに

本章のまとめをすると、次の三点となる。

第一、「人権と子どもの権利」をより強めていくことが、開かれた学校づくりの実践的課題であり、それが関係的な国民の教育権を実現させていくことになる。

第二、国民の教育権のいう「公共性」にとっては、開かれた学校づくりの三者協議会・学校フォーラムなどでの教育的コミュニケーションがより重要である。

第三、そのためには、国民の教育権の中核である、子どもの権利・親の権利に「開かれた教職の専門性」の内実を、素人統制と専門的リーダーシップと重ねながら、開かれた学校づくりを通して創造していかなければならない。

すなわち、開かれた学校づくりは国民の教育権によって支えられ、国民の教育権は開かれた学校づくりによって実質化される、という円環的な関係である。そして、私たち一人ひとりがみんなで当事者性をもって、真の意味においての子どもの権利を中軸として現代学校改革に参加することが、私たちの教育思想を鍛えることになり、いま、国家主義・新自由主義の教育改革に対抗するために、最も大事なことなのである。[注30]

注

1　堀尾輝久「国民の教育権の構造――子どもの学習権を中軸として」『人権としての教育』、岩波現代文庫、二〇一九年、一一九頁（初出は、刊行委員会編『教育法学の課題――有倉遼吉教授還暦記念論文集』、総合労働研究所、一九七四年、所収）。

2　浦野東洋一「教育改革と学校づくり」『開かれた学校づくり』、同時代社、二〇〇三年、一七頁（初出は、全国公立学校教頭会編集・発行『学校運営』No.四八五、二〇〇一年一二月号、所収）。

3　浦野東洋一「教育基本法と子ども・親・教師」、同右、三四頁（初出は、日本教育法学会編『講座現代教育法第1巻　教育法学の展開と21世紀の展望』、三省堂、二〇〇一年、所収）。

4　浦野東洋一「教育改革と学校経営の基礎基本」浦野東洋一・勝野正章・中田康彦編著『開かれた学校づくりと学校評価』、学事出版、二〇〇七年、一三・一六頁。

5　浦野東洋一・神山正弘・三上昭彦編『開かれた学校づくりの実践と理論　全国交流集会一〇年の歩みをふりかえる』、同時代社、二〇一〇年、参照。
6　堀尾輝久「教育とは何か」『教育入門』、岩波新書、一九八九年、一一三頁（初出は、『講座日本の教育1　教育とはなにか』、新日本出版社、一九七六年、所収）。なお、宮盛邦友「学習活動と自治的諸活動の組織化としての人格＝認識形成学校」『現代の教師と教育実践【第2版】』、学文社、二〇一九年、も参照。
7　黒崎勲『教育の政治経済学〔増補版〕』、同時代社、二〇〇六年、など参照。
8　勝野正章「学校選択と参加」平原春好編『概説教育行政学』、東京大学出版会、二〇〇九年、一五八―一五九頁。
9　勝野正章「教師の教育権理論の課題――黒崎勲氏の公立学校選択論に対する批判的検討を通して」日本教育法学会編『講座現代教育法2　子ども・学校と教育法』、三省堂、二〇〇一年、一四一頁。
10　黒崎勲「教育法学の動向――勝野正章氏の批判に対する応答」、前掲『教育の政治経済学〔増補版〕』、三〇四頁
11　今橋盛勝『いじめ・体罰と父母の教育権』、岩波ブックレット、一九九一年、など参照。
12　勝野、前掲「学校選択と参加」、一六八頁。
13　堀尾輝久「国民の学習権――人権思想の発展的契機としての」、前掲『人権としての教育』（初出は、日本教育法学会編『年報第3号　国民の学習権と教育自治』、有斐閣、一九七四年、所収）。
14　宮下与兵衛・濱田郁夫・草川剛人『参加と共同の学校づくり――「開かれた学校づくり」と授業改革の取

り組み』、草土文化、二〇〇八年、など参照。
15　戸波江二「教育法の基礎概念の批判的検討」戸波江二・西原博史編著『子ども中心の教育法理論に向けて』、エイデル研究所、二〇〇六年、など参照。
16　同右、六三頁。
17　市川須美子「あとがき」『学校教育裁判と教育法』、三省堂、二〇〇七年、三二二頁。
18　勝野正章「現代社会における『専門職としての教師』――『生徒による授業評価』を手がかりに考える」堀尾輝久・浦野東洋一編著『日本の教員評価に対するＩＬＯ・ユネスコ勧告』、つなん出版、二〇〇五年、七二・七九頁。
19　浦野東洋一「『開かれた学校』づくりの実際と展望」宮下与兵衛『学校を変える生徒たち――三者協議会が根づく長野県辰野高校』、かもがわ出版、二〇〇四年、一九九―二〇〇頁。
20　その意味からすると、国民の教育権論における教育内容決定権をめぐる諸問題は、教育学からの問題提起を積極的におこなわなければならない、ということになるのである。今後の課題である。
21　三上昭彦「教育委員会制度の『再生』――その課題と展望」『教育委員会制度論――歴史的動態と〈再生〉の展望』、エイデル研究所、二〇一三年、三三八―三四二頁、参照。
22　中田康彦「教育改革の経験を総括する　持続的な『われわれの』教育改革に向けて」教育科学研究会編『講座教育実践と教育学の再生５　３・11と教育改革』、かもがわ出版、二〇一三年、二六三―二六八頁、参照。

23　小川正人「新たな教育行政システムに向けて」『教育改革のゆくえ――国から地方へ』、ちくま新書、二〇一〇年、参照。
24　小川正人「『開かれた』学校づくりの動向と課題」小川正人・岩永雅也編著『日本の教育改革』、放送大学教育振興会、二〇一五年、一二四―一二五・一二七頁。
25　勝野正章「開かれた学校づくり」小川正人・勝野正章『新訂　教育経営論』、放送大学教育振興会、二〇〇八年、二二〇―二二二頁、参照。
26　小川正人「教育：教育の社会的機能と教育の統制・管理」小川正人・森津太子・山口義枝編著『心理と教育を学ぶために』、放送大学教育振興会、二〇一二年、七八―八三頁、参照。
27　浦野、前掲「『開かれた学校』づくりの実際と展望」、二〇一頁。
28　志水宏吉『学力格差を克服する』、ちくま新書、二〇二〇年、参照。
29　小川正人「おわりに」『市町村の教育改革が学校を変える　教育委員会制度の可能性』、岩波書店、二〇〇六年、一四六頁。
30　現代における学校改革の具体的展開については、宮盛邦友『現代学校改革の原理と計画のために』、学文社、二〇二一年（予定）、参照。

追記

本稿を脱稿した後、開かれた学校づくり全国交流集会第一〇回大会（二〇〇九年九月）において、堀尾輝久が、開かれた学校づくり・参加と共同の学校づくりの展望として、「学校づくりと国民の教育権」という報告をおこなっていたことを思い出した。その目次を列挙すると、「戦後教育理論の流れのなかで」・「ゆがめられた国民の教育権論」・「学校づくりと授業づくり」・「三者協議会と構成員の責任と権限の構造を」となっている。あらためて堀尾の報告を読みなおしてみると、本論文は、堀尾の国民の教育権論に対する問題意識を、開かれた学校づくりに即して、整理しなおした、ということになるだろう。堀尾の報告を、是非、読まれたい。

第8章　「社会に開かれた教育課程」とカリキュラム・マネジメントを読み解く——埼玉の学校評価の新たな段階とウィズコロナ時代の展望

小池由美子
（上田女子短期大学）

はじめに　開かれた学校づくりと埼玉の学校評価制度

「開かれた学校づくり」全国学習交流集会は毎年各地で集会を開催し、その地の実践を掘り起こして学び合い、理論を深めてきた。埼玉の公立高校の教師をしていた私とこの集会との出会いは、埼玉県の学校評価制度導入がきっかけであった。以下、経緯を説明する。二〇〇二年に学校設置基準が改定され、第三条、四条に学校評価が盛り込まれた[注1]（その後、学校教育法第四二条、四三条が改定され学校設置基準からは削除された）。それを受けて埼玉県教育委員会が調査検討委員会を設置、二〇〇三年には中間報告が出され、二〇〇四年度から県立高校八校が研究推進校に指定され

た。私の所属する高校がその八校の中のひとつであった。[注2]

こうした経緯があり、所属校に「開かれた学校づくり」全国学習交流集会第Ⅰ期呼びかけ人の浦野東洋一氏、第Ⅱ期代表呼びかけ人の勝野正章氏を何度も講師で招き、「学校評価と開かれた学校づくり」について研修会を行った。「学校は公《おおやけ》のもの。公とは公園の『公』。公園はみんなのもの。学校もみんなのもの。そしてみんなでつくるもの」。研修会のこのコンセプトは大変分かりやすく、ストンと教師の心に落ちた。教師の力だけでは人格の完成を目指す教育を完結することはできない。教育が行われる学校の当事者である生徒、保護者、教職員と地域住民（学校評議員を含む）がともに力を合わせて、みんなで学校をつくって行く。そのプロセスを通して、学校はみんなのものになる、ということである。学校評価制度が導入されると、どこかで目標が決められ、いつの間にかそれに教職員、生徒が従わせられるのであれば、教育の主体性が当事者から失われてしまう。学校評価は文部科学省や教育委員会、管理職のためのものではない。学校評価制度の審議の中で、内的事項と外的事項が問題になった時もあったが、埼玉では保護者や地域住民も部外者ではなく、学校づくりの当事者と考える視点があったのである。その背景には、学校評議員制度が先行して導入され、学校評議員は生徒を支援するためにあるべきという粘り強い取り組みが反映されたことがある。地域に開かれた学校づくりを通して、現状についてそれぞれの立場から情報交換し、当事者で課題を共有し、学校の目標を話し合い改善していく。埼玉の学校自己評価制度は、それを機能させる場として保護者、地域住民、教師と生徒参加の学校評価懇話をに位置づけたことが一番の特徴であった。それから一五年以上が経ち、この論考では改訂された学習指導要領の「社会に開かれた教育課」をどう読み解くかを提示したい。

1　今次（二〇一八年）高等学校学習指導要領と「社会に開かれた教育課程」

次に二〇一七年に小中学校の、二〇一八年に高等学校の学習指導要領が改訂され、（以下、「今次学習指導要領」と記す）。「社会に開かれた教育課程」、「カリキュラムマネジメント」が明記された背景を読み解きたい。

⑴「社会に開かれた教育課程」が意味するもの

今回初めて「社会に開かれた教育課程」という用語が登場した。それでは今次学習指導要領では、「社会」に対してどのような認識を持っているのか、長くなるが『高等学校学習指導要領解説総則編　平成三〇年七月　文部科学省』で確認してみよう。

> 第一章　総説　第一節　改訂の経緯及び基本方針　一　改訂の経緯より
> 「今の子供たちやこれから誕生する子供たちが、成人して社会で活躍する頃には、我が国は厳しい挑戦の時代を迎えていると予想される。生産年齢人口の減少、グローバル化の進展や絶え

間ない技術革新等により、社会構造や雇用環境は大きく、また急速に変化しており、予測が困難な時代となっている。また、急速な少子高齢化が進む中で成熟社会を迎えた我が国にあっては、一人一人が持続可能な社会の担い手として、その多様性を原動力とし、質的な豊かさを伴った個人と社会の成長につながる新たな価値を生み出して行くことが期待される。

こうした変化の一つとして、進化した人工知能（ＡＩ）が様々な判断を行ったり、身近な物の働きがインターネット経由で最適化されたりするＩｏＴが広がるなど、Society5.0とも呼ばれる新たな時代の到来が、社会や生活を大きく変えていくとの予測もなされている。

また、情報化やグローバル化が進展する社会においては、多様な事象が複雑さを増し、変化の先行きを見通すことが一層難しくなってきている。そうした予測困難な時代を迎える中で、選挙年齢が引き下げられ、更に平成三四（二〇二二）年度からは成年年齢が一八歳へと引き下げられることに伴い、高校生にとっての政治や社会は一層身近なものとなるとともに、自ら考え、積極的に国家や社会の形成に参画する環境が整いつつある。

（中略）

このことは、本来我が国の学校教育が大切にしてきたことであるものの、教師の世代交代が進むと同時に、学校内における教師の世代間のバランスが変化し、教育に関わる様々な経験や知見をどのように継承していくかが課題となり、子供たちを取り巻く環境の変化により学校が抱える課題も複雑化・困難化する中で、これまで通り学校の工夫だけにその実現を委ねることは困難になってきている。
　こうした状況の下で、平成二六年一一月には、文部科学大臣から、新しい時代にふさわしい学習指導要領の在り方について中央教育審議会に諮問を行った。（中略）
　平成二八年一二月の中央教育審議会答申においては、〝よりよい学校教育を通じてよりよい社会を創る〟という目標を学校と社会が共有し、連携・協働しながら、新しい時代に求められる資質・能力を子供たちに育む『社会に開かれた教育課程』の実現を目指し、学習指導要領が、学校、家庭、地域の関係者が幅広く活用できる「学びの地図」としての役割を果たすことができるよう、次の六点にわたってその枠組みを改善するとともに、各学校において教育課程を軸に学校教育の改善・充実の好循環を生み出す『カリキュラム・マネジメント』の実現を目指すことが求められた」（傍線は筆者）

ここで描かれている時代を見る目、社会の捉え方を整理すると、
① 社会構造や雇用環境が大きく変化する予測困難な時代
② 一人一人が持続可能な社会の担い手として、多様性を原動力として質的に豊かな個人と社会の成長につながる新たな価値を生み出していくことが期待される社会
③ Society5.0とも呼ばれる新たな時代が到来し、社会や生活を大きく変える情報化やグローバル化が進展する社会

ということになる。この叙述からは、教師の構成バランスが崩れていることを捉え、学校の工夫だけに課題の実現を委ねることはもはや困難だという文脈に流し込み、子どもの資質能力育成論にすり替えている。この文面には子どもたち一人ひとりの成長を保障し、能力の全面的な発達を支えるという姿勢が感じられない。「本質的に豊かな個人」ならば理解はできるが、「質的に豊かな個人」とは、誰がどのような基準でその質を決めるのか不明である。国家が決めるのだろうか。「よりよい社会」とは誰のための社会なのか。その答えは学習指導要領にSociety5.0が引用されていることにあるのではないか。つまり、経済産業をベースにおいた国家のためである。その人材づくりを目指すことを宣言しているといわざるを得ない。そのために、一見〝よりよい学校教育を通じてよりよい社会を創る〟という聞こえの良い目標を、学校と社会が「共有」するという押しつけをし、連携・協働することを「社会に開かれた教育課程」と定義しているのではないだろうか。中教審の審議過程でも「予測が困難な時代」が強調されているが、この時代認識に違和感を覚える。Society5.0は二〇一七～二〇一八年に内閣府、総務省、経済産業省、文部科学省がこぞって「新しい社会」として打ち出しており、学習指導要領の告示と軌を一にしている。このように国家戦略がストレートに教育に持ち込まれたことは、かつてなかったのではないだろうか。

（2）今次学習指導要領の「よりよい社会」の特徴

実際に前述の『高等学校学習指導要領解説総則編』の「第二節　改訂の要点」では、次の様に述べられている。

「（２）「社会に開かれた教育課程」の実現を目指すこと
　教育課程を通して、これからの時代に求められる教育を実現していくためには、よりよい学校教育を通してよりよい社会を創るという理念を学校と社会が共有することが求められる。
　そのため、それぞれの学校において、必要な学習内容をどのように学び、どのような資質・能力を身に付けられるようにするのかを教育課程において明確にしながら、社会との連携及び協働によりその実現を図っていく、『社会に開かれた教育課程』の実現が重要となることを示した」（傍線筆者）

「よりよい社会を創る」目標に向けて、「よりよい学校教育」をすることに方向づけられ、今次学習指導要領は教育方法や評価まで踏み込んでいる。ここでいう「よりよい社会」はSociety5.0を反映しているのであろう。教育課程編成の主体はそもそも各学校にあり、生徒や地域の実態に応じてつくられるものであるが、一九五八年の改訂以降「学習指導要領体制」が全国津々浦々に行き渡ってしまった。更に教育基本法が二〇〇六年に改定され、学校教育は教育振興基本計画に基づいて行われるように規定された。国の教育基本振興計画をベースにし、都道府県、市区町村が教育振興基本計画を策定している現在、各学校の目標もこれに縛られている状況がある。昨今、学校スタンダードで更に二重に縛られる中、国家が「よりよい教育」や「よりよい社会」を規定し、地教委を経由して各学校に行き渡るシステムがつくられてしまっている。こうした文脈で語られる「社会に開かれた教育課程」という文言が持つ意味は、今後十分吟味される必要がある。つまり、「開かれた学校づくり」全国学習交流集会につどう私たちが使ってきた「開かれた学校づくり」とは似て非なることを押さえることが肝要だ。それは前掲の『高等学校学習指導要領解説　総則編』の「第二章　改訂の要点　二　前文の趣旨及び要点　(二)「社会に開かれた教育課程」の実現を目指すこと」から明らかである。つまり「よりよい社会」を創るための「よりよい学校教育」は、知識基盤社会を構成する「資質・能力」を身に付けた経済産業界に資する人材を育成することにあることを示しているといえる。

2　「カリキュラム・マネジメント」は何を意味するのか

今次学習指導要領では、「カリキュラム・マネジメント」という用語が初めて登場した。「カリキュラムマネジメント」という言葉自体は、一九九〇年代から中留武昭等[注3]から使用されていたが、定義は多様であった。ある意味で教育課程の翻訳語として狭義、広義に用いられていたといえるが、今次学習指導要領ではそれらとも異なる定義を与えている。今次学習指導要領から引用すると次の通りである。

「生徒や学校、地域の実態を適切に把握し、教育の目的や目標の実現に必要な教育の内容等を教科等横断的な視点で組み立てて行くこと、教育課程の実施状況を評価してその改善を図っていくこと、教育課程の実施に必要な人的又は物的な体制を確保するとともにその改善を図っていくことなどを通して、教育課程に基づき組織的かつ計画的に各学校の教育活動の質の向上を図っていくこと（以下「カリキュラム・マネジメント」という。）に努める」（傍線筆者）

「社会に開かれた教育課程」を強調する一方で、この「カリキュラム・マネジメント」という用語を登場させたのはなぜか。「学校の工夫だけにその実現を委ねることは困難」なので、地域を「教育課程の実施に必要な人的又は物的な体制を確保する」供給源にすることを意図していると考えられる。二〇〇六年の教育基本法からは「教育条件整備」の文言が削除されたが、「地域の人的物的な体制」を調達する責任を、「教育課程の実施」で学校に丸投げするものであるといわざるを得ない。ここには国の教育行政が、地域を国家戦略遂行のための下部組織として捉えていることが感じられる。つまり地域を住民が構成する自治としての主体ではなく、国家戦略に奉仕する基礎単位としてみているといえる。

「社会に開かれた教育課程」と「カリキュラム・マネジメント」が車の両輪になって学校教育で機能すると、これまで私たちが取り組んできた地域に開かれた参加と共同の学校づくりの方向が歪められる懸念がある。『高等学校学習指導要領解説　総則編』の「第二節　改訂の要点　三　総則改正の要点」には次の様に書かれている。

「（１）総則改正の基本的な考え方
②　カリキュラム・マネジメントの充実・生徒の事態等を踏まえて教育の内容や時間を配分し、授業改善や必要な人的・物的資源の確保などの創意工夫を行い、組織的・計画的な教育の質的向上を図るカリキュラム・マネジメントを推進するよう改善した。（中略）
（２）構成の大幅な見直しと内容の改善事項
①　高等学校教育の基本と教育課程の役割（第一章総則第一款）
今回の改訂における主な改善事項としては、育成を目指す資質・能力を、①知識及び技能、②思考力、判断力、表現力等、③学びに向かう力、人間性等の三つの柱で整理したこと、各学校が教育課程に基づき組織的かつ計画的に各学校の教育活動の質の向上を図るカリキュラム・マネジメントの充実について明記したことが挙げられる。これは、今回の改訂全体の理念とも深く関わるものである。
（中略）
⑥　学校運営上の留意事項（第一章総則第六款）
各学校におけるカリキュラム・マネジメントの充実に資するよう、「教育課程を実施するに当たって何が必要か」という観点から、教育課程の改善と学校評価、教育課程外の活動との連

携等（第一章総則第六款一）、家庭や地域社会との連携及び協働と学校間の連携（第一章総則第六款二）について記載を充実している。

具体的には、教育課程の編成及び実施に当たっての各分野における学校の全体計画等との関連、教育課程外の学校教育活動（特に部活動）と教育課程の関連、教育課程の実施に当たっての家庭や地域との連携・協働について記載を充実している」（傍線は筆者）

カリキュラム・マネジメントの概念には「科目横断」も含んでおり、総合探究などの科目で地域「人材」を発掘しボランティアで登用することも学校の責任にしようとしているのではないか。また、教員の働き方「改革」と部活動の外部指導者導入が文科省によって推進されていることを後押しするように、「（特に部活動）」を挿入し行政で責任を持つべき部活動指導者の採用を、学校に丸投げしている。地域住民の立場から考えても、学校づくりに参画する主体者としてではなく、安上がりの都合の良い人材供給の場とみられていると指摘できる。

3　カリキュラム・マネジメントと埼玉の学校評価の新たな段階

(1)　カリキュラム・マネジメントと学校評価

学校評価制度が法制化されて一五年以上がたち、一部では形骸化したとも言われているが、その一方で教職員人事評価も導入され機能している。つまり教職員の管理が賃金処遇等で徹底すれば、学校評価も上から下へ目標管理することはたやすくなる。今次学習指導要領は、「よりよい学校教育を通じてよりよい社会を創る」という目標を掲げ、これまで述べてきたように地域の実態に関わりなく、学校教育を政府の方針によるSociety5.0を目指す社会づくりに動員しようとしている。二〇〇八年から全国学力テストが導入され、小中学校は教師も子どもたちも競わされている。こうした中で子どもたち一人ひとりの実態に合わせた教育ではなく、教師によって差が出ないようにと学習でも、生活でも学校スタンダードで一律に管理することが浸透している。今次学習指導要領がいよいよ本格実施になり、このようにカリキュラム・マネジメントは学校現場で浸透しやすい土壌ができてしまっている。今次学習指導要領では、「知識・技能、思考力・判断力・表現力、学びに向かう力・人間性」の学力三要素が盛り込まれ、資質・能力を身に付けるための課題の改善が強調されている。このカリキュラム・マネジメントと学校評価が結びついて機能すると、学校教育は経済産業ベースの知識基盤社会を目指した、能力開発のための競争に一層駆り立てられることが懸念される。では、オルタナティブをどう創ることができるのか。埼玉の学校評価の新たな段階を見てみよう。

（２）埼玉の学校評価の新たな段階

二〇一八年三月に高等学校学習指導要領が告示され、埼玉県教育委員会は同年四月に「学校自己評価システムの手引き～目指す学校蔵の実現に向けて～」を改訂している。埼玉では学校自己評価制度導入当初から、システムを機能させるために学校評価懇話会を設置したことは「はじめに」で述べた通りである。それをさらに学校に根付くように図1の通りに示している。研究者の中には、生徒の声を聞く場が学校評価制度の枠の中にあることに対する批判的な見方もあるが、制度導入当初は「生徒が参加することができる」規定だったのが、学校現場の粘り強い取り組みによって高校では生徒参加が一〇〇％、特別支援学校では約七〇％になっていることは重要である。生徒が公の場で意見を述べることを、この間管理職も学校評議員も違和感なく受け入れている。保護者は我が子の利益のみならず、自然に「子どもの最善の利益」を考え応援している。参加者は学習や生活に関する教師の説明より、むしろ生徒がどのように感じているかを積極的に聞く光景が見られる。学校に対する生徒の要望や、わかりやすい授業などについて率直に意見交換できる場となり、学校自己評価シートには生徒の声が反映されている。具体的な事例は第Ⅰ部第5章埼玉県立入間向陽高校の日永龍彦氏に譲りたい。学校評価懇話会が形骸化している学校もあるが、二〇一九年度から校内の評価委員への教員公募枠が設けられ、校長が任命した教師だけが委員になれるシステムが改善された。教師はより積極的に学校評価懇話会に参与できるのである。こうした取り組みを、各学校の教師がもう一度学校評価を捉え直すきっかけにすることが重要である。埼玉では第三者評価が行われていたが、外部からの訪問型評価が廃止され、それに代わって学校を何校かのグループに分けてピアレビューを行っていた。その学校同士で評価の情報交換を行うピアレビューも二〇二〇年度には廃止になり、それぞれの学校がよりいっそう独自に生徒や地域の実態にあった学校目標を話し合

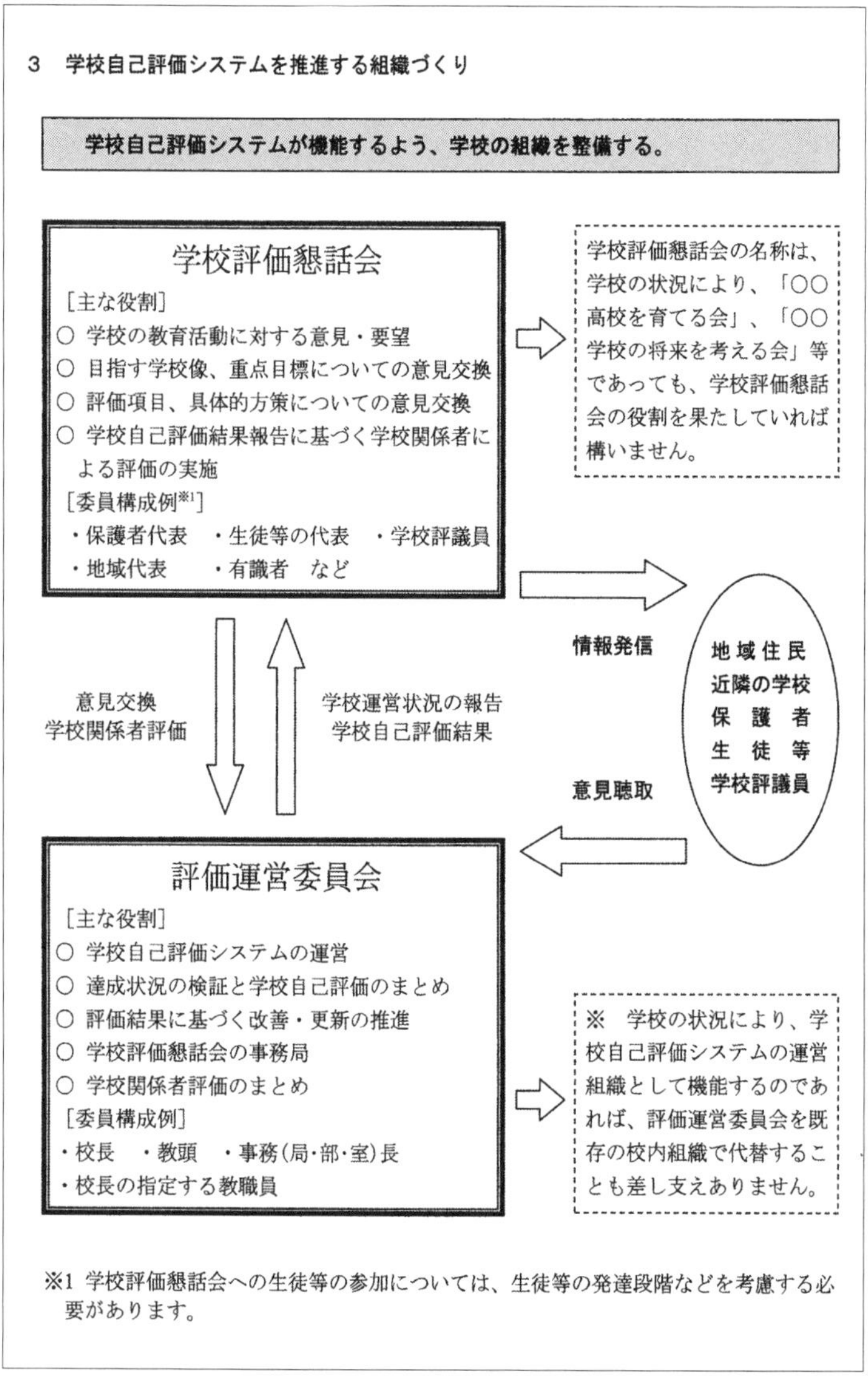
3 学校自己評価システムを推進する組織づくり
学校自己評価システムが機能するよう、学校の組織を整備する。
学校評価懇話会
[主な役割]
○ 学校の教育活動に対する意見・要望
○ 目指す学校像、重点目標についての意見交換
○ 評価項目、具体的方策についての意見交換
○ 学校自己評価結果報告に基づく学校関係者による評価の実施
[委員構成例※1]
・保護者代表 ・生徒等の代表 ・学校評議員
・地域代表 ・有識者 など
学校評価懇話会の名称は、学校の状況により、「○○高校を育てる会」、「○○学校の将来を考える会」等であっても、学校評価懇話会の役割を果たしていれば構いません。
意見交換
学校関係者評価
学校運営状況の報告
学校自己評価結果
情報発信
意見聴取
地域住民
近隣の学校
保護者
生徒等
学校評議員
評価運営委員会
[主な役割]
○ 学校自己評価システムの運営
○ 達成状況の検証と学校自己評価のまとめ
○ 評価結果に基づく改善・更新の推進
○ 学校評価懇話会の事務局
○ 学校関係者評価のまとめ
[委員構成例]
・校長 ・教頭 ・事務(局・部・室)長
・校長の指定する教職員
※ 学校の状況により、学校自己評価システムの運営組織として機能するのであれば、評価運営委員会を既存の校内組織で代替することも差し支えありません。
※1 学校評価懇話会への生徒等の参加については、生徒等の発達段階などを考慮する必要があります。

図１ 「学校自己評価システムの手引き～目指す学校蔵の実現に向けて～」
（埼玉県教育委員会 2018年３月Ｐ８）

える環境が整った。こうした学校現場の粘り強い取り組みが、二〇一八年四月の県教育委員会の学校評価の改訂に結びついているのである。

従って今次学習指導要領ではカリキュラム・マネジメントが強く打ち出されているが、埼玉ではこの学校評価懇話会をベースにして取り組むことが基本となっており、奉仕型ではない対等な保護者・地域の参加が保障されている。生徒、教師、保護者、地域住民と顔が見える関係で実態に合った学校づくりができれば、地域を国家戦略のための人的物的供給源に貶めることはないだろう。

4　ウィズコロナ時代の展望――社会と地域とともに生きる高校生

二〇二〇年はコロナウィルスとともに始まったと言っても過言ではない。二月二七日には安倍総理が唐突に一斉休校を要請し、全国で小中高校のほぼすべてが三月からの休校を余儀なくされた。こうした中で高校生が、「自分たちはきちんとした高校生活を送りたい。このままでは勉強も部活動も学校行事も、経験できないままになる。その生活を取り戻したい」と、九月始業を訴えるネット署名を展開した。短期間で二万筆を超える署名が集まり、高校生が文科省交渉まで行ったのは画期的なことである。九月始業については日本教育学会が声明を発表し、その是非については慎重に検討されるべき論点が提示されたが、少なくとも高校生が政権を動かしたことは注目されるべきである。同調圧力が強くいじめに気を遣い、自分の声を挙げるのがなかなか困難な現代において、ネットを使った高校生の意思表示がこのように社会を動かすという経験をしたことは、新しい時代の予兆を感じさせる。ネット時代だからこその、高校生が他者とつながり社会とつながる新たな方向が見出された。

またコロナ禍に見舞われて、学校や地域の抱える課題も改めて浮き彫りになった。長野県の松本県ケ丘高校では、休校中に生徒会がオンラインでの生徒総会を呼びかけ実現させた。[注4]九三〇人のオンライン生徒総会は圧巻であった。改めて生徒自身の手で自治の問い直しがされたのである。オンライン生徒総会を成功させるため放送委員会の生徒と生徒会役員は生き生きと活動し、それに応えた全校生徒も見事である。長野西高校の高校生は、文化祭が中止になり代替イベント「天の河プロジェクト」で、「結」の文字を校舎にライトアップした。「コロナで自粛している中で、自分たちが地域の医療関係者を勇気づけられることはないか」と考えたのである。地域住民と協力し、ライトアップに合わせて善光寺では鐘をついた。この取り組みは大きく報道され地域を勇気づけた。[注5]こうした生徒の自主的な活動と地域社会が結びつくことが、本来の「社会に開かれた教育課程」である。二〇二〇年一二月二〇日には、第五回「開かれた学校づくり」あいち交流集会がオンラインで実施された。コロナ禍でもそれぞれの学校が工夫して開かれた学校づくりに取り組んでいる。高校生が教育を考える任意団体のＴｈｉｎｋｙｏ愛知は、学校の枠を飛び出して、全国の高校生や社会の様々な分野の人々とつながっている。これが「社会に開かれた」ということである。

グローバル社会、情報化社会は今後ますます進展することは間違いなく、それに異を唱えるものではもちろんない。しかし、教育の目的は人格の完成を目指すことにあるのも、また間違いないことである。国家戦略に位置づけられた資質・能力の開発のための教育ではなく、人間が人間らしく全面的な発達が遂げられるための教育が行われることが肝要である。そのための社会に開かれた教育課程づくりを、各学校の実践からつくることが求められる。その可能性を各地の高校生が示している。

本論考は科学研究費補助金・基盤研究（A）「学習指導要領体制の構造的変容に関する総合的研究」（研究課題番号：20H00103、研究代表者：植田健男花園大学教授／名古屋大学名誉教授）の助成を受けて執筆したものである。

注

1　『学校評価と四者協議会　草加東高校の開かれた学校づくり』小池由美子著　同時代社　二〇一一年　一〇頁～一一頁参照

2　詳細は、前掲載書　一五頁参照、『開かれた学校づくり実践と理論　全国学習交流集会一〇年の歩みをふりかえる』浦野東洋一、・神山正弘・三上昭彦編　同時代社　二〇一〇年「実践研究報告　学校評価と開かれた学校づくり」小池由美子著　七二頁～九三頁参照

3　『学校改善・単元開発・協働文化　カリキュラムマネジメントが学校を変える』中留武昭・田村知子著　学事出版　二〇〇四年

4　初の試み！「生徒総会」もオンライン……自宅から九三〇人余り参加　文化祭などが議題に　長野放送

二〇二〇年五月二三日　https://news.yahoo.co.jp/articles/abbf4e6c981d45339cbf16987037daa8c0b493c0（最終閲覧　二〇二〇年八月一五日）

5　「地域に勇気を」団結の光　長野西高　校舎ライトアップ　信濃毎日新聞　二〇二〇年七月一五日　https://www.shinmai.co.jp/news/nagano/20200715/KT200714ATI090029000.php（最終閲覧　二〇二〇年八月一五日）

参考文献

『21世紀の学校改善』中留武昭著　第一法規　二〇〇三年
『学校管理職の経営課題３　学力を創るカリキュラム経営』天笠茂編著　ぎょうせい　二〇一一年
『日本標準ブックレット№13　カリキュラムマネジメント――学力向上へのアクションプラン』田村知子著　日本標準　二〇一四年
『時代を創る「資質・能力」を育む学校づくりⅠ　「社会に開かれた教育課程」と新しい　学校づくり』吉富芳正編集　ぎょうせい　二〇一七年
『カリキュラム・マネジメントと授業の質保障　各国の事例の比較から』原田信之編著　北大路書房　二〇一八年
「今こそ、子どもたちの実態から出発する教育課程づくりを　コロナ禍での「学校再開」に問われていること」植田健男著　『クレスコ』№二三四　二〇二〇年九月　大月書店

第９章　フランスにおける生徒の権利と学校・社会・政治参加
――子どもの権利条約に注目して

大津　尚志
（武庫川女子大学）

はじめに

フランスにおける子どもの学校参加、社会参加、政治参加に関しては、これまで日本においても注目されてきている。一九六八年の「五月危機」から、中等教育機関における「学校管理評議会」の設置など学校への生徒参加が制度化されていったものの、当初はうまく機能しているという評価は少なかった。その後をみると、小野田正利は一九九〇年代を「中等学校生徒の権利拡大」の時期と位置付けている。[注1] 本稿では一九九〇年代から現在に至るまでを「中等学校生徒の権利保障の定着化」の時期として、その動向に着目する。

一九九〇年代からの教育政策を動かす背景としては、教育基本法（以下「ジョスパン法」と呼ぶ。フランスでは大きな教育に関係する法律は、制定当時の国民教育大臣の名称をとって呼ばれる）の制定（一九八九年七月）と、子どもの権利条約の発効（一九九〇年一〇月）がある。[注2]

本稿では、フランスにおけるジョスパン法制定と子どもの権利条約批准後の法令などの政策動向を明らかにする。フランスにおいて「子どもの権利」はどのような状況にあるのか、特に学校における参加、学校生活とかかわる問題を中心にとりあげる。

フランスにおいて、一九九〇年秋から「校内暴力事件」をきっかけに高校生たちによる大規模デモへとつながり、政府は高校生代表との直接の交渉を行い教育改善緊急予算を決定したということは、我が国でも知られているところである。[注3]

第1節　フランスにおける「子どもの権利」にかかわる一九九〇年代以降の教育政策動向

1―1　ジョスパン法について

ジョスパン法第一〇条は以下のように規定している。

①　生徒の義務は学業にかかわる責務の遂行である。それには、勤勉と学校における集団生活及び運営のための規則の尊重が含まれる。

② コレージュ、リセでは多元主義と中立性の原理の尊重において、生徒は情報の自由と表現の自由を行使することができる。これらの自由の行使は教育活動の妨げとなってはならない。

生徒の権利に言及すると同時に義務としては、同法は「勤勉の義務」「規則の尊重」を挙げている。「学業にかかわる責務の遂行、勤勉の義務」に関しては、「すべての授業に出席する義務」と解される。授業に出席しないことが認められるのは、体育の授業における体調不良あるいは障害ゆえの身体的事由に限られる。

第一一条では、以下の通り規定されている。

① 生徒の父母は、教育共同体（communauté éducative）の構成員である。

② 父母の学校生活への参加、教職員との対話はそれぞれの学校において保障される。

③ 児童生徒の父母はその代表者を通して、学校評議会、学校管理評議会、学級評議会に参加する。

ジョスパン法以前のアビ法（一九七五年）では「学校共同体」という用語がつかわれていたが、「教育共同体」に改められた。学校管理評議会は生徒代表、父母代表の参加だけでなく地域代表（地域圏、市町村）の参加もある。生徒代表・父母代表に関しては選挙で選出され、地域代表に関しては、学校管理評議会が決定して委嘱する。生徒にとって学校は「共同体」であるというのは、学校は共同生活の場であり、すべての参加者でつくりあげる民主主義の習得の場であることを意味する。

学校評議会とは小学校に設置されるもので、父母代表の参加とともに学校の方針に関する会議が行われる。学校管理評議会・学級評議会はともにコレージュ・リセに設置されるもので、父母代表・生徒代表の参加が制度化されている。学校管理評議会は、学校の予算・決算、学校教育計画や校則の策定など広範な権限を持つ。学級評議会は各学級に設置されるもので、学級でおきている問題やクラスの雰囲気について、一人ひとりの学習状況について話し合う機会となっている。

1―2　子どもの権利条約について

子どもの権利条約の批准は、国内法との抵触および、権利条約の実質的保障をいかにはかるかという問題を惹起する。「子どもの権利条約」の条文の内容は一義的でなく、その解釈によっては国内法との抵触が生じる。その点は後述するように子どもの権利委員会にその後指摘され続けることになる。

子どもの権利の実質的保障をすすめることをめざして、各地で子どもの権利条約に関する学習が行われる、子どもの権利に関するアソシエーションがつくられるなどが行われた。[注4] 子どもの権利、子どもの権利条約にかかわる出版が公的機関からも私的な著作物としても行われるようになる。連帯・健康・社会保障省の家族局からは『問題となる子どもの権利』という出版物がだされた。「子どもからの発言（la parole aux enfants）」と称しているが、子どもの権利保障の実態についてコレージュ第一、二学年（一一、一二歳）およそ一万二〇〇〇人に対する調査が行われた。[注5]

そこでは、「家族のなかにおける不公正」（子どものなかで、えこひいきがあったりしないか、

	君は意見を述べることができますか。			君の両親はあなたの言うことを考慮しますか。		
	できる	できない	無答	はい	いいえ	無答
コレージュ1年生での外国語の選択	88	10	2	86	7	7
テレビのチャンネル	76	19	5	61	28	11
自転車の購入	46	47	7	37	51	12

やっていないのに罰せられたことがないか）、相違への権利（学校で、とても太っている子どもがからかいの対象になったりしないか）、といった質問がされている。

「決定プロセスにおける、表現と参加の権利」に関しては、上図のような質問調査が行われ、子どもの日常生活において、自分の意見をいう権利の保障の状況を問題にしている。[注6]

次いでコンセイユ・デタ（国務院）より、子どもの権利に関する報告書がだされた。「若者の表現の自由」の項目に、子どもの権利条約一二条（意見表明権）を引用している。意見表明が行政手続きにおいて考慮されることの一環として、学校管理評議会や学級評議会に関する政令を位置づけている。[注7]

ある書物のなかでは、「子どもの自律にかかわる権利（les droits consacrant l'autonomie de l'enfant）」という分類のもと、「聴いてもらう権利（le droit d'être entendu）」、結社の自由、表現・思想・良心・宗教の自由を位置付けている。[注8] 聴いてもらう権利については、子どもの権利条約第一二条第二項に「聴取される機会（possibilité d'être entendu）」という文言がある。行政、司法手続きにおいて子どもの意見聴取の必要性についての規定であるが、それも子どもの「自律」のためという位置づけである。

「自律」した行動がとれることは、「市民の育成」をめざすフランスの学校教育で強調されることの一つである。子どもは「保護の対象」でもあるが、あくまで「自律」の前提として表現の自由などの子どもの権利が存在するわけである。

1―3生徒代表制度の整備について

生徒代表制度が実質的に機能するために、生徒代表の養成に関する通達（91-081）がだされている。生徒代表は「教育共同体」の一員として各評議会に参加するために、リセのさまざまな機能の理解、公的文書を読むこと、コミュニケーション能力、議論する能力が求められる。生徒代表に選出された生徒に、「代表教育」を実施する必要がいわれる。それは、コレージュ・リセでは主に生徒指導専門員の仕事となっている。

その後、学校レベルをこえた生徒代表制度が形成されていく。中央教育審議会（CSE, Conseil supérieur de l'éducation）への代表の枠として、一九九一年の法律で高校生代表枠の設置が行われた。現在では、高校生代表枠は四名となっている。後述する高校生活のための大学区評議会の委員によって選挙される。二人の正代表、四人の副代表で組をつくって立候補し、二組が当選する。現在中央教育審議会委員の定員は九八名であるが、公立初等中等教員代表が二〇名、私立学校の代表が七名、公立学校の父母代表が九名、などの枠が決められている（教育法典R231-2条）。

一九九一年には、高校をこえた取り組みを可能にすることとして、高校生活のための大学区評議会（ＣＡＶＬ）の設置が決定した。高校生活や学業に関する様々な問題を大学区（フランスを三〇にわける教育行政単位）において、話し合う場が開設された。四〇名のメンバーで開催される。委員の半数は高校生で、任期は二年である。現在では、各高校の高校生活のための評議会の代表（正・副）による選挙で委員が選出される。大学区内の普通・技術リセ、職業リセ、地域適応学校（特別支援学校）の三グループに定員が割り振ることが決められている。大学区長が議長を務める。

その後さらに、一九九五年には高校生活のための全国評議会（ＣＮＶＬ）の設置が決定した。同評議会は六四名で構成されるがうち六〇名は高校生であり、高校生活のための大学区評議会の委員により選出される。任期二年である。そのうち、四名は中央教育審議会の高校生枠代表が兼任する。評議会では国民教育大臣が議長を務め、最近では大臣と高校生で公開ツイートによる議論が行われたこともある。

一九九八年からは各学校に高校生活のための評議会（ＣＶＬ）が設置されるようになった。高校生活のための評議会の委員はクラスごとに選出される生徒代表とは別に、クラスでなく、全校生徒から選挙にて選出される委員があり、その定員は一〇名である。後者の委員の任期は二年で毎年一〇名ずつが半数改選される。校長が主催し、教職員代表八名、父母代表二名の参加枠は決められている。[注9] さらに、二〇一六年には中学生活のための評議会（ＣＶＣ）の設置に関する政令がだされた。

2　生徒の表現・出版・結社・集会の自由について

ジョスパン法一〇条は表現の自由を無条件には認めていない。一八八一年の出版の自由法は高校生の高校内の出版に関しては、無制限には適用されない。一九九一年二月一八日付政令一七三号には、「リセ内で生徒が個人的あるいは集団的に行使する『表現の自由』は校長および学校管理評議会が……ジョスパン法一〇条の範囲内に留意して認めること」とあるが、範囲の確定が問題となる。その後通達（91-051, 91-052）が出された。通達は、「書いたもの……は他者の権利や公の秩序を攻撃するものであってはならない」「侮辱、名誉を傷つける、私生活に対する攻撃を含むものであってはならない、とりわけ中傷や嘘があってはならない」と述べる。表現を行うものには「責任」が伴うことに高校生は敏感であることが求められていて、法的責任まで生じることが書かれている。違反行為があったときの校長の役割としては、まず生徒と話をすること、場合によっては表現の差し止めを行うことが述べられている。権利を行使できることの背後に、表現の自由の限界を知るなど正しく行使するだけの「責任」が高校生には求められている。表現の差し止めが行われた場合は、学校管理評議会への報告が義務付けられている。それゆえ、校長はまったく独断的な差し止めをすることはできない。政令は、校長には「ポスターを貼る掲示板」に留意すべきことも述べている。「生徒代表は校長や学校管理評議会で発言するために、「生徒の意見や提案を集めることができる」ことも明記している。「表現の自由」、学校における民主主義が実質的に機能するための配慮がなされている。

リセ内の「結社の自由」はその目的、活動が公教育役務の原理と両立していること、とくにその目的・活動が政治・宗教的性質のものでないことを条件に、校長への書面提出、学校管理評議会の許可を経て認められる。結社じたいの「表現の自由」も認められる。

リセ内の「集会の自由」は参加者の出席する授業時間外であることが条件となる。外部者が関与する場合に、校長は開催期間に条件をつけることはできる。学校の正常な運営に支障がある場合に、拒否することができる。その場合も、学校管理評議会に報告される。校長の独断で拒否することはできない。

結社（アソシエーション）の自由をより広く保障するものとして、高校内に「高校生の家(Maison des lycéens, MDL)」を設置することができるとする通達（91-75）がだされた。それは一九〇一年のアソシエーション法[注10]にもとづくものでもある。高校生の家とは、文化、芸術、スポーツ、人文の分野における活動を行うものであり、クラブ活動に近い。

結社に加入する権利、結社をつくる権利、学校内に結社の住所をおく権利などが保障されるようになった。ただし、公教育の目的に反する政治・宗教宣伝の結社は学校内では認められない。

高校生の家を管理する「会長、書記、会計」は成年者（フランスは一八歳成人）であることが条件であるが、未成年を含めた生徒から投票で選ばれることが可能となり、高校生みずから組織を運営することが可能となった。それは生徒にとって「責任の習得」の場でもある。なお、二〇一一年には一九〇一年アソシアシオン法の改正により、一六歳以上の結社の自由が認められた。

３　宗教の自由について

フランスにおいて、生徒の宗教的表現の自由に関する問題が存在する。イスラームの女子生徒がヴェールをかぶって登校することは、公立学校に宗教を示す標章を持ち込むことである、ゆえに「非宗教的な学校」という「共和国の原理」に反しないかという問題があった。それは、一九八九年九月にイスラームの女子生徒が退学処分となったことを契機に問題となった。[注11] その際、ジョスパンによる通達により退学処分はありうるが、ケースバイケースであり校長の判断となった。

時代を経て、議論が再燃したこともあり二〇〇四年五月一五日付法律（ライシテの原則を適用して、公立小学校、コレージュ、リセにおける宗教への所属を表明する標章や服装の着用を枠づける法律。いわゆるヴェール禁止法）により、「公立小学校・コレージュ・リセにおける宗教的な外観を誇示する標章の所持、および服装着用は禁止」となった。その解釈基準として、通達2004-84号がだされ、禁止されるものの例示として、「イスラームのヴェール、過度な大きさのユダヤ教のキッパ、十字架」が挙げられている。公立学校におけるイスラームのスカーフの着用はライシテに反するということで法令上の決着がついている。

公教育の場に宗教的標章をもちこむことが法律上許されないが、およそ宗教に対する考慮を行わないことが、宗教的中立と考えられるところがある。宗教上の理由で教育課程の一部拒否は認められない。宗教上の儀式に参加するために学校を欠席する「権利」はない。イスラームの女子生徒にも水泳の授業をうける義務はある。レオタードのような全身を覆う水着の着用は認められる。ただ

し、「ブルキニ」は宗教を誇示するものとして認められない。[注12]

フランスのライシテの観念は厳格に運用される。それに対して国内外からの批判もあるが、[注13]今のところ公立学校内における宗教にかかわる表現をきびしく制限している。生徒の学校外における宗教的活動の自由に関しては、学校の制限はまったく及ばない。

4　懲戒処分の手続きについて

二〇一一年六月二四日付で生徒の懲戒・懲戒処分にかかわる政令（七二八号、七二九号）およびそれをうけて二〇一一年八月一日付で通達（2011-111）がだされている。主に、通達に従いフランスの生徒の懲戒処分手続きについて取り上げる。

懲戒（punition scolaire）・懲戒処分（sanction disciplinaire）の存在理由として、学校教育が成立するための条件の維持が挙げられている。懲戒処分の種別は、政令七二八号により、訓告、戒告、責任をとる活動、一時的な学校からの排除（停学）、退学になる。「責任を取る活動」とは、二〇一一年に追加されたが、例えば授業時間外に社会連帯、文化にかかわる活動をするなどであり、それは停学・退学処分を減らすことをも目的としている。

停学の場合は、校長もしくは懲戒評議会の判断、退学の場合は懲戒評議会の判断となる。懲戒評議会（conseil de discipline）とは、校長、副校長、生徒指導専門員、学校管理者、教職員代表（五名）、生徒代表（三名）、父母代表（二名）の計一四名で構成される。懲戒評議会を開くという判断は校長によってなされる。懲戒評議会で採決をとるときは、生徒代表の一票も校長の一票も同じものとしてカウントされる。

懲戒処分を行うときの原則としては、適法性の原則（懲戒処分の対象となる行為および罰則に関しては校則に明記すべき）、一時不再理の原則、対審の原則（反論をする権利がある）、比例原則（問題となる行為と懲戒処分の重さに比例関係があるべき）、個別化の原則（「連帯責任」は認められない）が挙げられている。他にも、懲戒処分の際には、当該生徒や法定代理人には、非難されている行為の内容など、必要な情報が与えられていなければならない、とされる。

懲戒処分においても司法同様の適正な手続きが求められている。退学処分を出す場合は懲戒評議会の開催が求められることは、学校が「教育共同体」であることを示すものでもあり、人権教育の一環であるといえよう。なお、実際の校則をみると懲戒処分の対象と罰則の関係が詳細に規定されているわけではない。しかし、「懲戒処分は、物や人に対する攻撃、生徒の義務の重大な違反の場合に課される。」といった規定がおかれている。

第２節　フランスにおける子どもの権利条約批准後の動向

１　子どもの権利条約の周知状況

子どもの権利条約の存在を子どもに周知すべきであることは、「締約国は、適当かつ積極的な方法でこの条約の原則及び規定を成人及び児童のいずれにも広く知らせることを約束する」（条約第四二条）の規定をまたずとも、言うまでもない。

フランスにおいては、「三色旗、EUの旗、一七八九年の人および市民の権利宣言の条文」は学校に掲示することが法的に必須である。「子どもの権利条約」の条文に関しては法的に必須とされるわけではないが、学校に掲示されているところはある。条文の内容（場合によっては、小学生にもわかるような言葉に書き換えたもの）を含む、ポスターが作成されている。

子どもへと周知させる方法として、カリキュラム内に「子どもの権利条約」を含めることは有効であることは言うまでもない。フランスにおいては、社会科系教科としては「歴史・地理・市民教育」が存在する。子どもの権利条約批准後の学習指導要領改訂は一九九五年に行われた。それは、ジョスパン法第一条の「教育という公役務は、生徒および学生を中心に構想され組織される」の影響をうけた内容となっている。子どもに直接関係するコレージュ、教育を受ける権利、学校における安全、少年司法といった中学生に直接関係する内容が多くなっている。

コレージュ第一学年の当初におかれている項目は「学校の意味」となり、「コレージュにおける生活」「教育」についての学習からはじまる。コレージュは「教育をうける権利」の保障の場であると同時に民主主義の習得の場という位置づけである。代表制度や選挙、各評議会の説明なども含む。実際の生活経験とも結びつけて人権や民主主義について学ぶこととなる。

学習指導要領上は、「教育」という項目があり、そこでは、以下の参考資料を挙げている。

・コレージュの校則
・一九四六年憲法の前文（特に一三パラグラフ）
・一九四八年世界人権宣言（第二六条）
・一九八九年子どもの権利条約（第二七条）
・ジュール・フェリーの「教師への手紙」抜粋（一八八三年）

フランスの市民教育は、憲法の条文を中心にすすめるものではない。項目ごとに、歴史や世界における現状などのさまざまな問題をとりあげ、その参考として資料（ソース）を提示する。そこに、子どもの権利条約の条文も追加されるようになった。なお、生徒参加制度についても詳しく教えられるが、フランスでは意見表明権（一二条）が強調されているわけではない。フランスの場合、人権保障の規定に根拠として、国内法（憲法）と国際法（条約）が区分されて示されることはない。

学習指導要領は、その後二〇〇八年に改訂されたが大きな変更はない。その後、二〇一三年になると、新教育基本法（ペイヨン法）が制定され、二〇一五年から小学校・コレージュ・リセともに「道徳・市民（enseignement moral et civique）」科が導入された。その学習指導要領[注14]においても、「道徳・市民教育は、人および市民の権利宣言、子どもの権利条約、第五共和制憲法の原理と価値に立脚する」と明記されている。およそ、フランス憲法と子どもの権利条約が採択する原理は「共和国の価値」に一致するものであり、それに基づいた道徳・市民教育が行われているといえる。

2　子どもの権利条約と国連子どもの権利委員会（CRC）

子どもの権利条約を批准することは、適当な立法措置や行政措置をとることが求められる（第四条）。さらに第四四条により、権利の実現のためにとった措置などの報告書の委員会への提出が条約批准後の二年以内に、その後五年ごとに義務付けられている。フランスの場合は、これまでに一九九四年、二〇〇四年、二〇〇九年、二〇一六年の四度にわたり子どもの権利委員会による「総括所見」が公表されている。注15 子どもの権利のうち、学校教育にかかわりが深いもの以外にも、生物学上の親を知る権利、性的搾取、ポルノグラフィー、誘拐、拷問、虐待、少年司法などの論点がある。以下は四度にわたる総括所見について、学校教育にかかわる主なものをとりあげることにする。

総括所見は、年度によって若干の言い方の違いはあるが、フランスの実情のうち高く評価すべきところと、懸念事項をあげ勧告を行うところに分けてかかれている。

これまで、委員会に高く評価すべきとされたことは、「子どもの権利条約が採択された日に政府と非政府組織のあいだに、子どもの権利条約に関する対話の機会が開かれていること」（一九九四年、パラ五）、一九九八年六月一七日の性犯罪予防、抑圧及び未成年者保護に関する法律の制定（二〇〇四年、パラ三）、二〇〇四年の差別禁止平等促進高等機関設置法（ＨＡＬＤＥ）の制定（二二〇〇九年、パラ四）、二〇一三年七月の「共和国の学校再建のための基本計画法」（通称ペイヨン法）の制定（二〇一六年、パラ四）などがある。

懸念されることとしては、本稿でもすでに触れた、二〇〇四年三月一五日制定の法律による宗教的な標章を学校に持ち込むことを禁止することの是非について、ＣＲＣ委員会は「子どもの最善の利益および子どもの学校にアクセスする権利に対して逆効果であると」と批判している（二〇〇四年パラ二五、二六、二〇〇九年パラ四五も同様）。マイノリティグループに関して差別をなくすさらなる配慮をすべき、文化的平等の達成をすべきという指摘も続いている（二〇〇四年パラ二八―三四、二〇〇九年パラ三一―三二、二〇一六年パラ二四）。

家庭、学校、ほかの制度・養護施設で体罰が明文で禁止されていないままであることをＣＲＣ委員会は問題視している。子どもの権利条約第二八条第二項（学校の規律が児童の人格に適合する方法で……運用されることを確保する）ゆえに体罰禁止条文が求められた（二〇〇四年パラ四八、二〇〇九年パラ五八、二〇一六年パラ六）。フランスの学校における体罰は禁止という運用が長年されているが、[注16]家庭における体罰については、のちに二〇一九年になって民法三七一―一条に「親の権威は、いかなる身体的、心理的暴力も用いることなく行使される。」と明文化された。

本稿でとりあげた生徒参加制度、子どもの権利条約に関しては、「一部の学校では、意志決定プロセスへの意味のある参加がなされていない。」ことを指摘している（二〇〇四年パラ四八）。子どもの権利条約の普及に関しては、「委員会は、学校のカリキュラムが人権を含む市民としての教育を含んでいることを指摘する。しかし、子ども、大人ともに子どもの権利条約についての知識のレベルの低いことを指摘する。」「権利条約の周知にさらなる努力が求められる」（二〇〇九年パラ二二―二三、二〇一六年パラ一九―二〇）とある。ＣＲＣ委員会の審査では十分なものではないという評価である。

あらゆる年齢での結社の自由（二〇〇九年パラ四九、二〇一六年パラ三五）の必要性がいわれたが、これは二〇一一年にアソシアシオン法の改正で一六歳以上の結社の自由は認められるようになった。ただし、文化的・芸術的な課外活動が少ない（二〇〇九年パラ八二）という指摘がある。本稿で触れた「高校生の家」に関しては、活動日数は多くなく、加入率もさほど高くない。

二〇〇六年三月三一日の機会の平等のための法律が、「貧困家庭をふくめて子どもが学校に出席できないときに罰則を科す」ことを決めたことを批判している（二〇〇九年パラ八〇、八一）。さらに、「社会的出自の学業成績への影響を少なくすること」「ドロップアウト率、留年率を下げること」「資格をもたずに学校をはなれる生徒への職業訓練の拡張」「障害者にインクルーシブ教育」などを推奨している（二〇〇九年パラ八一）。

フランスにおいて、実情の不十分さがＣＲＣ委員会によって指摘されていることはかわりない。フランス国内法が子どもの権利条約との関連において批判されることがある。勧告の方向に新たな立法が行われるときもある。

3　フランスにおける生徒の学校参加・社会参加の動向

フランスにおける若者の社会参加は、一九九〇年の暴力事件に端を発して校内の治安の悪化に抗議し、安心して授業をうけるだけの措置を求めた高校生の運動から、生徒の教育改善のための予算措置がとられたことは知られている[注17]。

その後も主として若者にかかわる問題や、教育改革・高校改革が行われるときに高校生が声をあげることはしばしば起きている。大きな教育関係の法律（二〇〇五年フィヨン法、二〇一三年ペイヨン法、二〇一八年ブランケール法）が制定されようとしたとき、高校（教育課程）改革・バカロレア改革（数回にわたる）が行われたとき、若者に関する立法が行われたときがある。国際的に注目されたとき（二〇一九年の気候問題、スウェーデンの高校生グレタ・トゥーンベリさんの影響はフランスにも及んだ）もある。

より具体的に述べると、立法に関しては、二〇〇六年の機会の平等のための法律（二六歳以下の初期雇用の二年間は理由なく解雇を認める[注18]）、二〇一〇年の年金改革法（年金受給開始年齢を引き上げる。それは若者の雇用にも直接影響が及ぶ）などがある。最近では、二〇一七年以降マクロン政権のもと、バカロレアにおける事実上の選抜の導入や内申（平常）点の大幅な考慮という改革をめぐって、高校生からの意見表明やデモ・ストライキが行われた。

フランスの高校生がこのような行動をとることを可能にしていることはなにか。理由と考えられることは多数ある。一つには、政治的な問題に関する学習が行われていることがある。確かに、特定の政党の支持または反対することにかかわる表現は禁止されるが、例えば「難民問題」など、政治的に意見が分かれかねない問題に関する学習は広く行われる。教師は自分の意見をいい、それはあくまで「唯一の正解」ではなく「一つの考え」として生徒に受け取られる。教師も学校外であればデモに参加する。高校での学習は、バカロレア試験合格にむけて行われる。同試験では長時間の試験で長文の論述が課されるのは日本でも知られているが、高校で通常から自分の見解を文章化する学習を行っている。[注19]「唯一の正解」を記憶して答案に戻すという教育が行われているのではない。

もう一つは既にふれた「結社の自由」の行使の一環として、高校生による意見表明の結社が行われていることが挙げられる。例えば、二〇一九年の時点で中央教育審議会委員を務めるジャムテルは「高校の未来（L'avenir lycéen）」という団体に属し、国会で「進路指導、高等教育への進学と君は「高校生の権利（droits des lycéens）」という団体に所属している。同じくデドゥヴィズさん第一学年での学業成功」という委員会にほかの高校生・大学生代表とともに参加している。

他にも、主な高校生団体としては、高校生民主独立連盟（ＦＩＤＬ）、高校生全国同盟（ＵＮＬ）、高校生一般組合（ＳＧＬ）、高校生全国運動（ＭＮＬ）などがある。例えば、ＦＩＤＬは「同性愛が問題ではない、同性愛嫌いが問題」というキャンペーンを行っている。、ＭＮＬは、バカロレア改革における平常点四〇パーセント加味を「不平等をもたらすもの、教育の私物化をもたらすもの」と批判している。

むすびにかえて

二〇一九年一一月二〇日は子どもの権利条約が国連で採択されて三〇年となる日であり、国民教育省は、ホームページ上で子どもの権利条約「三〇周年」というアナウンスを行う。[注20]子どもの権利条約の主たる原理として、国民教育省は以下の四つを挙げている。

・差別の拒否
・子ども最優先の利益
・生きる、生き残る、発達する権利
・子どもの意見の尊重

子どもの権利条約実施のための九つの手段として以下を挙げている。

・すべての子どもの三歳からの義務教育（二〇一九年から実施）
・教育優先地域[注21]における、小学一、二年生の読み書きを学ぶクラスは一二人学級
・公立インクルーシブ学校の拡大（二〇一九―二〇二二）
・コレージュ一年から、希望者への指導付き学習
・あらゆる学校で、「人種主義、反ユダヤ主義、同性愛嫌い、トランスジェンダー嫌い」に対するたたかい
・学校でのいじめに対する運動

・ヨーロッパの教育二〇二〇にもとづく、男女平等
・三、四歳での病院訪問の義務化
・教育優先地域における無料朝食

子どもの権利条約を正面からとりあげ権利の実質化が図られてはいるものの、依然として多くの問題をかかえていて、それが意識されていることには変わらない。フランスにおける「子どもの権利」の特質として、表現や結社、宗教の自由など市民的自由とされるものが、子どもの成熟度および学校という公的空間の内外を考慮して、明確な一定の制限のうえに認められているという特質があるといえよう。子どもの権利をめぐる状況を国際的視野からみる必要性は、今後も留意すべきところかと思われる。

注

1　小野田正利『教育参加と民主制』風間書房、一九九六年、三七九頁以下。
2　フランスにおける子どもの権利条約に言及する邦語文献としては、丸山茂「フランスにおける『子どもの権利条約』（一）」『神奈川法学』27（2・3）、一九九二年、二二三—二六二頁、P・クーヴラ（白取祐司訳）「フランスにおける子どもの権利」『北大法学論集』44（1）、一九九三年、六五—八〇頁、がある。
3　小野田正利「生徒の権利・参加の拡大政策の意義と課題」（小林順子編『21世紀を展望するフランス教育

改革』東信堂、一九九七年、二二一—二三三頁、『朝日新聞』一九九〇年一一月七日、一九九〇年一一月一三日、一九九〇年一一月二六日、など。

4　本稿とは別に、小野田正利「フランスにおける『子どもの権利条約』の批准と権利保障の具体化」『季刊教育法』第八五号、一九九一年、三五—四一頁。

5　Ministère de la solidarité, de la santé et de la protection sociale, secretariat d'Etat chargé de la famille, Les Droits de l'Enfant en Questions, La Documentation Française, 1990, pp.41ff.

6　Ibid., p.49.

7　Conseil d'Etat, Statut et protection de l'enfant, Le Documentation Française, 1991, p.103.

8　Claire Neirinck et Maryline Bruggemen, La convention international des droits de l'enfant, ue convention particulière, Daloz, 2014, pp.107-144.

9　高校生代表の選挙の実態などについて、大津尚志「フランスにおける学校参加制度」『人間と教育』第八九号、二〇一六年、一〇四—一一一頁、参照。

10　邦語文献としては、コリン・コバヤシ編『市民のアソシエーション』太田出版、二〇〇三年。

11　この動向について邦語文献では、小泉洋一「フランスにおける宗教的標章法とライシテの原則」『甲南法学』45（3・4）、二〇〇五年、三一九—三三九頁。

12　V., Ministère de l'éducation nationale, La laicïté à l'école, https://cache.media.eduscol.education.fr/file/MDE/59/4/Laicite-Vademecum_1194594.pdf（二〇二〇年八月一五日最終確認）

13　小泉、前掲論文、伊達聖伸「ライシテの変貌」『ソフィア』60（2）、一〇六―一二二頁など参照。

14　B. O., special no.6 du 25 juin 2015. 邦語による解題・紹介としては、大津尚志、松井真之介、橋本一雄、降旗直子「フランスにおける小学校二〇一五年版『道徳・市民』科学習指導要領」『武庫川女子大学学校教育センター年報』第四号、二〇一九年、七四頁―八一頁）二〇一五年以降の道徳・市民教育に関しては、大津尚志「フランスの道徳・市民教育における価値・知識・コンピテンシー」『人間と教育』第一〇七号、二〇二〇年、一〇〇―一〇五頁。

15　CRC/C/15/Add.20, CRC/C/15/Add.240, CRC/C/FRA/CO/4 (CRC/C/FRA/CO/4/Corr.1), CFC/C/FRA/C5. なお、報告書の正文はすべて英語であるが、必要に応じてフランス語版を参照した。

16　大津尚志「生徒の懲戒・体罰に関する日本、フランス、アメリカの法制上の比較考察」（『教育学研究論集』第九号、二〇一四年、九頁―一五頁）

17　例えば、小野田正利「フランスにおける学校への生徒参加」『子どものしあわせ』463号、一九九一年、六六頁―七〇頁。

18　高校生・大学生の大規模な反対運動がおき、二〇〇六年四月一〇日にド・ヴィルパン首相は撤回を表明した。前年一一月には、警官に追跡された若者が発電所で死亡したことに端を発して、車を焼くなどの暴動がフランス全土に飛び火した。この時期の、高校生・大学生のデモやストライキを描く邦語文献として、山本三春『フランス　ジュネスの反乱』大月書店、二〇〇八年。

19　バカロレアに関する邦語文献として、細尾萌子ほか編『フランスのバカロレアにみる論述型大学入試に向けた思考力・表現力の育成』ミネルヴァ書房、二〇二〇年。

20　https://www.education.gouv.fr/30e-anniversaire-de-la-convention-internationale-des-droits-de-l-enfant-9119（二〇二〇年八月一五日最終確認）

21　教育優先地域とは、保護者の経済的状況などを勘案して不利な状況のあるところに予算の加配などを行う地域のことを指す。

第10章　ドイツの学校参加制度と生徒参加の展開

柳澤　良明
（香川大学）

1　本稿の目的および構成

本稿の目的は、ドイツの初等・中等教育学校における学校参加制度を概観し、日本への影響を論じた上で、近年のドイツにおける生徒参加が民主主義教育の一部として位置づいていることを手がかりに、今後の日本の学校参加の課題について論じることである。

ドイツでは一九七〇年代に学校参加が法制化され、各州の初等・中等教育学校において教員代表、生徒代表、保護者代表から構成される意思決定機関が導入されることとなった。州により名称は異なるが、多くの州で「学校会議」（Schulkonferenz）と呼ばれる会議体が導入された。その後、この会議体は現在までドイツの初等・中等教育学校に置かれ機能している。こうしたドイツの取り組みは、他の欧米諸国の取り組みとともに日本に紹介され、日本の学校参加の取り組みに一定の影響を与えてきた。

その後、ドイツでは一九九〇年代後半からいわゆるシティズンシップ教育の必要性が認識されるようになり、二〇〇一年にエーデルシュタイン（Edelstein, W）とファウザー（Fauser, P）により当時、ドイツ全体の教育改革を担っていた連邦各州教育計画・研究助成委員会（Bund-Länder-Kommission für Bildungsplanung und Forschungsförderung）（以下、「ＢＬＫ」とする）の意見書「民主主義を学び生きる」（Demokratie lernen und leben）（以下、「意見書」とする）（Edelstein/Fauser 2001）が提起されたことを契機として、ドイツ版シティズンシップ教育ともいえる民主主義教育（Demokratiepädagogik, Demokratieerziehung, Demokratiebildung）の実践が開始され、その後、初等・中等教育学校を中心に実践が拡大し現在に至っている。その結果、一九七〇年代から取り組まれてきた従来の生徒参加は民主主義教育の一部として位置づけられるようになり、これにより従来の生徒参加は「権利行使としての参加」としてだけでなく、「能力形成としての参加」として強化されることとなった。

本稿では、第一にドイツの学校参加制度を概観し、日本への影響について論じる。第二にドイツの民主主義教育の理念や実践形態を概観し、生徒参加の展開について論じる。第三にドイツの民主主義教育および生徒参加の展開を手がかりに、今後の日本の学校参加の課題について論じる。

ドイツにおける学校参加は、日本とは大きく異なる制度のもとにあり、単純に比較することはできない。しかし、日本の学校参加を考える上で有益な視点を得ることができると考える。本稿では、ドイツの取り組みを手がかりに、今後の日本の学校参加を進展させていくための考え方を示したい。

2　ドイツの学校参加制度と日本への影響

(1) ドイツの学校参加制度

一九七〇年代は当時の西ドイツにおいて大きな教育改革が進行した時期である。一九七三年に「ドイツ教育審議会」（Deutscher Bildungsrat）から提起された改革構想にもとづき、各州で教育改革が進められていった。当時の西ドイツは一一州から構成されており、現在と同様、教育に関する権限は各州にあった。各州は独自の理念で教育改革を進めていった。たしかに具体的な規定等に差異はあるものの、多くの州で教員代表、生徒代表、保護者代表から構成される会議体が設置され、この会議体が学校の意思決定において重要な役割を果たすようになった。ドイツでは一九六〇年代末の大学紛争の影響があり、学校において生徒や保護者の意見を取り入れた学校経営を進めることが目ざされたのである。他方、日本においても一九六〇年代末に欧米諸国と同様に大学紛争があったが、その後はむしろ管理教育が強化され、学校参加制度を導入したドイツの教育改革とは対

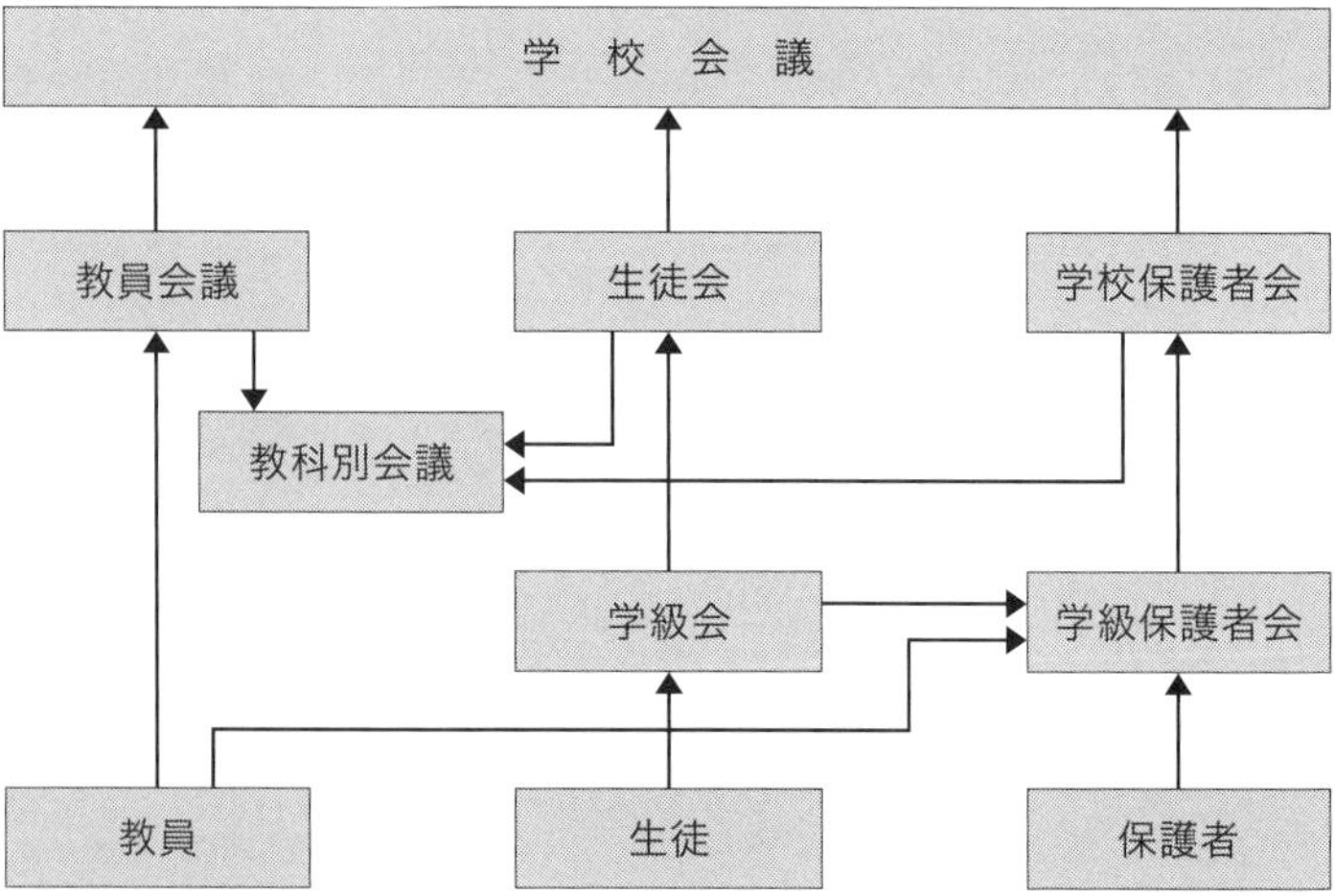

図１　ノルトライン・ヴェストファーレン州における学校参加組織
（出典：Bernd Petermann（1978）：Schulmitwirkungsgesetz Kommentar, Wingen Verlag Essenの巻末図を柳澤が一部改変）

極的な方向に向かった。このことは、その後の両国の学校参加あるいは生徒参加のあり方に大きな差異をもたらした。

教育改革の結果、たとえばノルトライン・ヴェストファーレン州では一九七七年に「学校制度における参加に関する法律」（Gesetz über die Mitwirkung im Schulwesen）（略称は「学校参加法」（Schulmitwirkungsgesetz））が制定され、翌一九七八年から施行されることとなった。これにより、図１のような学校参加組織が導入された。

同法はその後、二〇〇五年に同州の「学校法」（Schulgesetz）に組み入れられることとなったが、「学校法」に組み入れられた後も学校参加制度に関する規定に大きな変化は見られない。図１に示すように、「学校会議」が当該学校の最高意思決定機関として位置づけられており、本稿の冒頭で述べたように、教員、生徒、保護者の各集団から選出された教員代表、生徒代表、保護者代表が議論を重ね、学校の意思決定を行う。あくまでも校長は、「学校会議」の決定にもとづき、その具体的な取り組みを進める執行役に止まる。

「学校会議」の決議事項は、「学校法」第六五条第二項で二五項目が列挙されており、実に多様な内容が含まれている。たとえば、各校が作成する教育計画である「学校プログラム」（「学校法」第六五条第二項一号）、「学校の質開発および質保証に関する措置」（同項二号）、「宿題および学級活動の範囲および割り当てに関する原則」（同項一〇号）、「学校財政」（同項一六号）、「校内規則の公布」（同項二二号）などについて「学校会議」が決定を下すことができる。

特筆すべきは、「校長任用」（同項一七号）である。校長任用システムは日本と大きく異なる。ある学校の校長が退任することになると、次の校長の公募が始まる。応募してきた候補者たちは「学校会議」においてプレゼンテーションを行い、「学校会議」はそのプレゼンテーションをもとに、教育行政機関に順位を付けて推薦する。この推薦にもとづき、上位の候補者が任用される。このように「学校会議」は「校長任用」にも関与することができる。

「学校会議」の構成員数および比率はこれまでに幾度か改正された。構成員数は表1に示すように当該学校の生徒数にもとづいて規定される（「学校法」第六六条第一項）。

また、「学校会議」の構成員比率は、表2に示すように、生徒の発達段階に合わせて学校段階が上がるにつれて生徒代表の比率が高くなるしくみを採っている（「学校法」第六六条第三項）。

表1　ノルトライン・ヴェストファーレン州における「学校会議」の構成員数

生徒数	構成員数
200名以下	6名
500名以下	12名
500名を超える	18名

表2　ノルトライン・ヴェストファーレン州における「学校会議」の構成員比率

	教員	保護者	生徒
初等教育段階の学校	1	1	0
中等教育段階Ⅰの学校 初等教育段階と中等教育段階Ⅰの学校 中等教育段階ⅠおよびⅡの学校	1	1	1
中等教育段階Ⅱの学校	3	1	2
継続教育コレーク	1	0	1

（注）初等教育段階：第1～4学年／中等教育段階Ⅰ：第5～9（一部のギムナジウム）ないし10学年／中等教育段階Ⅱ：第10～12学年ないし第11～13学年／コレーク：中等教育修了証が取得できる成人向けの教育機関

かつて同州では、教員がどの学校段階においてもつねに半数を占め、残りの半数を保護者と生徒が分けるという方式が採られていた。しかし現在では、「中等教育段階Ⅰの学校」を含む学校段階においては「三者同数代表制」（Drittelparität）が採用されている。その他の学校段階では教員が半数を占め、生徒の年齢が低い「初等教育段階の学校」では「学校会議」への生徒代表の参加はない（ドイツでは初等教育段階の学校でも「生徒」（Schüler）と呼ばれる）。逆に生徒の年齢が高い「中等教育段階Ⅱの学校」では保護者代表の比率が低くなり、さらに生徒の年齢が高い「継続教育コレーク」では保護者代表の参加はなくなる。「学校会議」は基本的に学期に一回開催され、必要に応じて臨時の「学校会議」が開催されることもある。

(2) 日本への影響

ドイツ(柳澤良明 一九九六)をはじめとする欧米諸国の学校参加の取り組みは、一九九〇年代に次々と日本に紹介され、おもに個別学校における実践に影響を与えた。

その中でも、香川県立志度高等学校では、二〇〇五(平成一七)年からドイツの「学校会議」を模し、教員代表、生徒代表、保護者代表が生徒に関わるさまざまなテーマについて議論する「志度高校学校会議」が始められた(柳澤良明編著 二〇一〇、一二頁)。「志度高校学校会議」は原則として学期に一回開催され、校則改正、学校行事の活性化、ロッカー設置、授業評価の改善などについて三者間で合意形成を図る「意思形成の場」として機能し、合意が得られた事項については校長の了解を得て実施されていった。もちろん日本で実践される以上、校長に権限と責任があることに変わりはない。校長は「志度高校学校会議」に同席し、三者による議論の行方を見守りながら最終判断を下すことになる。こうした制度上の相違はあるものの、「志度高校学校会議」が「意思形成の場」として機能することによって生徒も学校づくりの主役となり、学校の雰囲気は大きく変化していった。

しかしながら、校内の多くの生徒が「志度高校学校会議」の議論やその結果に関心を寄せてはいたが、必ずしもすべての生徒が関心を持っていた訳ではなかった。関心のない生徒に「志度高校学校会議」の意義や成果をどう伝えるかを始め、課題はいくつか残されていた。また、「志度高校学校会議」の立ち上げを担った教員が少しずつ他校へ異動することにより、次第に当初の理念が変質し、一〇年目を迎える頃には議論が形骸化した。規約が定められていなかったこともあり、慣習として継続していくことの難しさが浮き彫りになった。

3　ドイツの民主主義教育と生徒参加の展開

(1)　民主主義教育の試行

本稿の冒頭で述べたように、エーデルシュタインとファウザーにより「意見書」が出されたことにより、ドイツでは民主主義教育の取り組みが始まった。まず、二〇〇二年四月から二〇〇六年一二月にかけてBLKプログラム「民主主義を学び生きる」として一三州一七五校で民主主義教育の実践が試行的に開始された（Abs, Roczen & Klime 2007: 5）。この間、「シティズンシップ教育ヨーロッパ年」（European Year of Citizenship through Education）であった二〇〇五年にエーデルシュタインを会長としてドイツ民主主義教育学会（Deutsche Gesellschaft für Demokratiepädagogik e. V.）（以下、ＤｅＧｅＤｅとする）が設立された。

ＢＬＫプログラムの終了後も継続して各校で実践が進められる中、二〇〇九年には各州の文部大臣から構成される常設各州文部大臣会議（Ständige Konferenz der Kultusminister der Länder in der Bundesrepublik Deutschland）（略称はKMK）から「民主主義教育の強化」（Stärkung der Demokratieerziehung）と題する決議（KMK 2009）が出されたことで、民主主義教育はドイツ全州で取り組むべき重要課題として認識されるようになった。

(2) 民主主義教育の理念

民主主義教育の理念は、ＤｅＧｅＤｅによる「マクデブルク・マニフェスト」（Magdeburger Manifest）（以下、「マニフェスト」とする）に端的に示されている。

第一に、民主主義は学校での必須の学習内容であるという点である。「マニフェスト」では「民主主義は歴史的な成果である。民主主義は自然法でもなければ偶然の産物でもなく人類の行動と教育の成果である。したがって民主主義は学校教育や青少年育成の中心課題である。民主主義は個人的にも社会的にも学習されるものであり、学習されなければならない」（DeGeDe 2014: 86）とされ、誰もが学校等で学ぶことの重要性が指摘されている。

第二に、民主主義が三つの形態に分けて捉えられている点である。「マニフェスト」では「憲法からの要求として、あるいは統治形態（Regierungsform）として民主主義の定着が求められるだけでなく、社会形態（Gesellschaftsform）および生活形態（Lebensform）としても民主主義の定着が求められる」とされている（DeGeDe 2014: 86）。これはヒンメルマン（Himmelmann, G）による民主主義を三つの形態に分ける考え方にもとづいている。すなわち、民主主義という複雑な概念を、日常生活における個人の行動レベルでの民主主義を意味する「生活形態としての民主主義」、集団や組織レベルでの民主主義を意味する「社会形態としての民主主義」、国や自治体等の政治レベルでの民主主義を意味する「統治形態としての民主主義」という三つに分けて捉える考え方である（Himmelmann 2004: 7–10）。

第三に、「民主主義を学ぶ」（Demokratie lernen）と「民主主義を生きる」（Demokratie leben）の両面が必要であるという点である。学校は民主主義を学ぶ場であるとともに民主主義を生きる場であることが求められ、知識の獲得だけでなく、「民主主義的行動能力」（Demokratische Handlungskompetenz）の形成も重要な課題である。「マニフェスト」では「民主主義的行動能力の形成には原理や規則、事実やモデル、制度や歴史的関連に関する知識が必要である」（DeGeDe 2014: 86）とされ、知識の獲得を基盤とした「民主主義的行動能力」の形成が求められている。

（3）民主主義教育の実践形態

次に、民主主義教育はどのように形態で実践されるのか。民主主義教育の実践形態についてエーデルシュタインとファウザーは「意見書」の中で四つの「モジュール」（Module）を挙げている。「モジュール1」として「授業」（Unterricht）、「モジュール2」として「プロジェクト学習」

(Lernen in Projekten) がある。これらは「知識、判断力、行動能力の獲得」に関わる実践形態であり、主に「民主主義を学ぶ」に相当するとされる (Edelstein/Fauser 2001: 25)。さらに、「モジュール3」として「民主主義の場としての学校」(Schule als Demokratie)、「モジュール4」として「民主主義社会での学校」(Schule in der Demokratie) がある。これらは学校および学校外での民主的なプロセスや制度に関わる実践形態であり、「民主主義を生きる」に相当するとされる (Edelstein/Fauser 2001: 25)。「民主主義の場としての学校」として学校内での生徒参加が想定されるのに対して、「民主主義社会での学校」として外部機関との連携にもとづく学校外での生徒参加が想定されている。

これらから言えることは、民主主義教育は特定の教科において扱われるも学習ではなく、あらゆる教科において、また学校内外のあらゆる場面を活用して取り組まれる活動であるということである。「授業」および「プロジェクト学習」における「民主主義を学ぶ」と、「民主主義の場としての学校」および「民主主義社会での学校」における「民主主義を生きる」の両者が揃って、初めて「民主主義的行動能力」の形成が実現されるのである。

(4) 民主主義教育の拡大

民主主義教育の取り組みは、移民排斥を訴える極右主義の台頭などを背景に、ドイツではさらにその重要性が高まっている。こうした背景の中で、常設各州文部大臣会議 (KMK) は二〇〇九年の決議に続き、二〇一八年にも民主主義教育に関する新たな決議「学校における歴史的政治的教育の目的、対象、実践としての民主主義」（Demokratie als Ziel, Gegenstand und Praxis historisch-politischer Bildung und Erziehung in der Schule）を公表した。この決議は二〇〇九年の決議の改訂版であり、二〇〇九年の決議よりも大幅に分量が増え、内容も体系的かつ具体的なものとなっている。民主主義教育の拡大を強力に後押しした。

こうした流れを受け、近年ではいくつかの州で州文部省による大規模な取り組みが進行しつつある。たとえばヘッセン州では二〇一九年五月に州文部省から教員向けのハンドブック『基本権の自明性、価値の伝達、民主主義教育』（Grundrechtsklarheit, Wertevermittlung, Demokratieerziehung）が出され、極右主義や極左主義に対抗するために基本権（Grundrecht）に依拠した民主主義教育の取り組みが始められている。またバーデン・ビュルテンベルク州では州文部省から教員向けのハンドブック『民主主義教育：民主主義のための学校、学校のための民主主義』（Demokratiebildung: Schule für Demokratie, Demokratie für Schule）が出され、学校内外で四つの「モジュール」による取り組みが始められている。

他方、民主主義教育は初等・中等教育学校における取り組みを中心としながら、それ以外の分野へも拡大してきている。現在、幼稚園における民主主義教育の取り組みも積極的に進められるとともに、学校外の分野、すなわち、地域における民主主義教育の取り組みも積極的に進められてきている。ドイツでは初等・中等教育学校における取り組みを中心に、社会全体で民主主義教育に取り組んでいる。

(5) 生徒参加の展開

民主主義教育が提唱されるまでのドイツの生徒参加は「生徒会」や「学校会議」等の学校の「意思形成の場」における「権利行使としての参加」が中心であった。これは生徒の諸権利が各州の「学校法」等に明記されてきたことに端的に表れている。その結果、一定の能力形成がなされてきたことは事実である。しかし、それはあくまでも「権利行使としての参加」の副産物であり、明確な理念にもとづき、実践をとおして能力形成を目ざすということではなかった。またその能力形成は、おもに「意思形成の場」に限られたものでしかなかった。しかし、民主主義教育が始まったことで状況は大きく変化した。一言でいえば、エーデルシュタインとファウザーが「意見書」で挙げた「民主主義的行動能力」の形成が学校内外で目ざされることとなり、「能力形成としての参加」が目ざされるようになったのである。

「能力形成としての参加」とは、第一に「民主主義的行動能力」の獲得が目的的に実践されるようになったことに見られる「能力形成としての参加」の「目的化」である。第二に「能力形成としての参加」が「意思形成の場」に限らず、日常の学校内外のあらゆる場面で取り組まれるようになったことに見られる「能力形成としての参加」の「日常化」である。こうした「目的化」および「日常化」がドイツにおける従来の生徒参加を大きく進展させた。

生徒たちの関心や各学校の抱える課題は異なるため、民主主義教育の実践は一〇校あれば一〇通り生まれることになる。具体的には、隣接する学校とのトラブルを生徒が学級会での話し合いを重ねることで解決していった基礎学校（日本の小学一～四年に相当）の事例（Burg/Neufeld/Seither 2006）、週二回開催される全生徒と全教員による学校集会で学校が運営されていく自由学校（日本の小学一年～高校三年に相当）の事例（DeGeDe 2015: 2）、生徒会を中心に学校内外での多様な活動をとおして移民との共生を模索し続けるギムナジウム（日本の小学五年～高校三年に相当）の事例（DeGeDe 2015: 1）など、学級単位の取り組みから地域社会を巻き込んだ大規模な取り組みまで実に多様である。民主主義に関する実践であるだけに、基本的には各校に一律に課せられる実践形態は皆無であり、あくまでも各校独自のアイデアや各校独自の活動が模索されている。各州の教育行政機関は、各校での多様な実践を支援するために、先進的な実践事例に関する情報発信に積極的に取り組んでいる。

4　日本の学校参加の課題

日本では二〇〇〇年代以降、学校参加制度が整備されてきた。二〇〇〇（平成一二）年に学校評議員制度（任意設置）、二〇〇四（平成一六）年に学校運営協議会制度（任意設置）、二〇〇七（平成一九）年に学校関係者評価制度（努力義務）と次々に学校参加制度が導入された。その後、二〇一七（平成二九）年に学校運営協議会の設置が努力義務とされたことで、近年、各地で学校運営協議会を設置する学校が急増している。しかしながら、日本における一連の学校参加制度に共通して言えることは、学校参加の主人公は保護者や地域住民であり、児童・生徒ではないということである。ここに現在の日本の学校参加の限界がある。今後はこの限界をどのように超えていくかが課題となる。

ドイツでは一九七〇年代に「学校会議」が法制化されたことで現在の学校参加制度が誕生した。その後、二〇〇〇年代に入り民主主義教育の実践が始まったことで生徒参加は新たな展開を見せている。民主主義教育の実践によって、修学前教育から「民主主義を学ぶ」取り組みと「民主主義を生きる」取り組みが始まり、生徒参加は「目的化」し「日常化」し、生徒代表だけでなく、すべての生徒が「民主主義的行動能力」を獲得する機会が増えつつある。

ドイツにおける生徒参加の展開を手がかりに考えると、日本の学校参加の課題は、何よりもまず、学校が多様な児童・生徒参加をとおして児童・生徒が自分たちの問題を自分たちの力で解決していく行動能力を獲得する場を提供することにある。目的は児童・生徒が問題を自分たちの力で解決していく行動能力を獲得することにあり、その際に児童・生徒参加はきわめて有効な手段となる。たしかに児童・生徒は参加をとおして葛藤や失敗に直面するかもしれない。しかし、葛藤や失敗は行動能力を獲得する上ではむしろ貴重な体験である。

学校内外を見渡せば、児童・生徒参加の場は至る所に存在する。児童・生徒が学校行事を企画し運営する、いじめ問題の解決に取り組む、日々の学習内容や学習方法を決める、地域社会の諸問題に取り組む等を始め、児童・生徒参加の場はどの学校にも無数にある。すでに日本にも児童・生徒参加を実践している学校は存在し、どの学校でも児童・生徒参加を実践することは可能である。

重要なのは、教員が児童・生徒参加の場を生み出す発想を持つこと、教員が時間をかけて正面から取り組む決意を持つこと、教員が児童・生徒が問題を解決するまで伴走する忍耐力を持つことである。数多くの教員がこうした発想、決意、忍耐力を持ち、各校独自の実践に組織として踏み出すことを期待する。

参考文献

柳澤良明（一九九六）『ドイツ学校経営の研究』亜紀書房。
柳澤良明編著（二〇一〇）『学校変革12のセオリー』学事出版。
Abs, Hermann Josef/Roczen, Nina/Klieme, Eckhard (2007): Abschlussbericht zur Evaluation des BLK-Programms "Demokratie lernen und leben". In: https://www.pedocs.de/volltexte/2010/3123/pdf/MatBild_Bd19_D_A.pdf (Stand: 8.12.2020)
Ministerium für Kultus, Jugend und Sport Baden-Württemberg (2019)：Demokratiebildung- Schule für Demokratie, Demokratie für Schule.
Bernd Petermann (1978): Schulmitwirkungsgesetz Kommentar, Wingen Verlag Essen.

Burg, Siglinde/Neufeld, Dorothea/Seither, Andrea (2006): Mitentscheiden und Mitverantworten von Anfang an. Klassenrat in der Grundschule. Grundschule Süd, Rheinland-Pfalz. In: https://www.pedocs.de/volltexte/2008/186/pdf/rp_Klassenrat.pdf (Stand: 8.12.2020)

DeGeDe (2014): ABC für Demokratiepädagogik (1. Auflage).

DeGeDe (2015): Laudatio der Preisverleihung am 16.11.2015. In: https://www.degede.de/wp-content/uploads/legacy/Aktivitaeten/OEffentlichkeit/2015_Preis/laudationnes_final_fuer_die_Schulen.pdf (Stand: 8.12.2020)

Edelstein, Wolfgang/Fauser, Peter (2001): Demokratie lernen und leben. In: https://www.pedocs.de/volltexte/2008/239/pdf/heft96.pdf (Stand: 8.12.2020)

Hessisches Kultusministerium (2019): Grundrechtsklarheit, Wertevermittlung, Demokratieerziehung.

Himmelmann, Gerhard (2004): Demokratie-Lernen: Was? Warum? Wozu? In: https://www. pedocs.de/volltexte/2008/216/pdf/Himmelmann.pdf (Stand: 8.12.2020)

KMK (2009): Stärkung der Demokratieerziehung. In: http://www.kmk.org/fileadmin/veroeffentlichungen_beschluesse/2009/2009_03_06-Staerkung_Demokratieerziehung.pdf (Stand: 01.06.2015)

KMK (2018): Demokratie als Ziel, Gegenstand und Praxis historisch-politischer Bildung und Erziehung in der Schule. In: https://www.kmk.org/fileadmin/Dateien/pdf/PresseUndAktuelles/2018/Beschluss_Demokratieerziehung.pdf (Stand: 8.12.2020)

第11章　開かれた学校づくりと子どもの権利保障

武井　哲郎
（立命館大学）

1　開かれた学校づくりの展開と子どもを取り巻く状況の変化

二〇〇〇年代以降に創設された「開かれた学校」を実現するための制度の象徴とも言えるのが、コミュニティ・スクールであろう。周知の通りコミュニティ・スクールとは学校運営協議会を設置した学校を意味する言葉で、当該校では保護者や地域住民などから選ばれた委員が学校運営の基本方針を承認したり教職員の任用に関する意見を申し出たりすることが可能となる。二〇〇五年に全国でわずか十七校しかなかったものが二〇一九年には七六〇一校を数えるまでとなり、二割以上の公立学校に学校運営協議会は設置されている[注1]。二〇一七年の「地方教育行政の組織及び運営に関する法律」の改正により、学校運営協議会の設置が教育委員会の努力義務となったことから、当面の間、コミュニティ・スクールの数は増え続けることが予想される。

しかし、本書全体のテーマとなっている三者（四者）協議会とは異なり、学校運営協議会は子どもがその委員として参加できるものではない。それどころか、「政策として推し進めようとしている学校と家庭・地域との連携においては、子どもはあくまで客体にすぎない」、すなわち、教職員・保護者・地域住民の連携の名のもとにつくられた学習・体験プログラムの「消費者」としての地位しか子どもには与えられていないと、岩永（二〇一二：一八頁）は指摘した。そもそも学校運営協議会は、教職員とは異なる立場にある人々からの意見を学校の人事や予算にまで反映させる場というより、保護者や地域住民による学校への支援を組織化するための場として活用される傾向が強まるなど、当初の政策の意図とはやや異なる役割を担ってきたことがこの間の調査で明らかとなっている（仲田ほか 二〇一一：北野 二〇一八）。このような「学校支援型コミュニティ・スクール」（岩永 二〇一一）が拡大するなかで、子どもの参加の権利をどのように保障していくべきなのか、「社会に開かれた教育課程」なる理念が学習指導要領で掲げられる状況だからこそ、改めて問う必要がある。

他方、子どもの抱える困難が多様化・複雑化してきたことも、権利保障という点で見過ごすことはできない。障害がある、厳しい家庭環境を抱えている、外国につながりがあるなど、身体的・経済的・文化的な差異により学校教育から排除されるリスクの高い子の数は、二〇〇〇年代以後、ほぼ一貫して増え続けてきた。また、障害があってかつ厳しい家庭環境を抱えているなど、複数の不利な要因が折り重なることによって、困難がより深刻になるケースも少なくない。「開かれた学校」に係る政策もこうした状況と無関係ではありえず、二〇一五年の中央教育審議会答申「チームとしての学校の在り方と今後の改善方策について」では、「より困難度を増している生徒指導上の課題に対応していくためには、教職員が心理や福祉等の専門家や関係機関、地域と連携」する必要があるとして（七頁、傍点は筆者）、コミュニティ・スクールの仕組みの活用を求めていた。ただ、「開かれた学校」の推進はむしろ不利な立場にある子どもやその保護者の排除を加速させる危険性があることも、これまでの研究では明らかとなっている（仲田 二〇一五：武井 二〇一七）。特別な配慮を要する子を社会的に包摂していくための手段として学校と地域の連携を位置づけることが可能なのかどうか、もし可能だとすればいかなる方策をとればよいのか、検討を加えねばならない。

そこで本章においては、開かれた学校づくりを子どもの権利保障に繋げていくための道筋に迫ることを目的としたい。具体的にはまず、学校と地域の関係をめぐる政策や実践の動向について、二〇〇〇年代以降の状況を簡単に整理する。続いて、学校教育から排除されるリスクの高い子を地域でも受け止めていこうとする福祉の実践にも目を向けながら、学校と地域の関係性およびそのなかで組織されている実践を分析するための視角を試論的に提起する。そして最後に、子どもの権利保障を実現するうえで必要なことは何か、そのポイントを考察する。なお本章では、「学校支援型コミュニティ・スクール」が拡大する状況をふまえ、地域の住民らが子どもの学びや育ちに直接かかわろうとする活動に焦点を当てながら検討を進める。そのため、学校の意思決定過程への参加をめぐる課題や三者（四者）協議会のあり方についてはあまり言及できないが、子どもの権利保障の観点から最後に少しだけ触れることにしたい。

2　学校と地域の関係をめぐる政策や実践の動向

学校と地域の関係を組み替えようとする二〇〇〇年代以降の施策の中ではじめ中心的な位置を占めていたのは、地域の住民が学校の教育活動や環境整備に参加するよう促す、すなわち「地域から学校へ」というベクトルを志向するものである。たとえば二〇〇八年にはじまった学校支援地域本部事業では、その名の通り「学校」を「支援」する有償ないし無償のボランティアを地域で組織化することが企図されていた。もちろん、ボランティアによる学校への支援を充実させると言ってもその内容や方法にはばらつきがあり、登下校の見守りや校庭の草木の剪定など教育活動と異なる領域にだけ協力を求めるものも少なくはなかった。ただ、算数の計算練習の時間に補助として入ったり教師とともにティームティーチングを行ったりと、地域の住民が子どもたちに直接かかわるような活動も存在し、その取り組みは一定の注目を集めていた。また、すでに二〇〇七年からスタートしていた「放課後子ども教室」においては、学校の授業の予・復習をはじめとする学習支援や文化・スポーツに係る体験活動の提供を、地域の住民が担う様子も見られた。

学校支援地域本部や放課後子ども教室はその後「地域学校協働本部」のもと一体的に推進されることになる。これは、二〇一五年一二月に中央教育審議会がとりまとめた「新しい時代の教育や地方創生の実現に向けた学校と地域の連携・協働の在り方と今後の推進方策について（答申）」によるもので、二〇一七年の社会教育法改正においても「地域学校協働活動」の推進が目指されることとなった。二〇一五年の答申を見ると、これまでの取り組みが「依然として地域から学校への一方向の活動内容にとどまっている場合」もある点を課題とし、「単に学校を支援するという活動を超えて……（略）……子供たちの成長にとって地域が果たすことのできる活動を地域と学校が協働しながら実現していくことが必要」だと指摘している（四八―四九頁）。地域学校協働活動の在り方として「『支援』から『連携・協働』へ」というスローガンが掲げられたことからも窺えるように、注2、学校のみならず地域が主体となった活動をより一層増やすことが求められるようになったと言えるだろう。

では、地域学校協働活動として全国では具体的にどのような取り組みが展開されているのか。文部科学省と国立教育政策研究所が二〇一八年五月に行った調査では、表1に示す六つの項目を設け、前年度（すなわち二〇一七年度）の取り組みの実績を複数回答で尋ねている。その結果を見ると、「放課後等における学習・体験活動」や「学校に対する多様な協力活動」の実施割合がやはり高く、学校支援地域本部や放課後子ども教室の取り組みが現在もなお影響力を持つ様子が窺える。ただ、子どもの貧困対策の一環として二〇一五年度から拡充が図られてきた「地域未来塾」（中学

表1　市区町村における地域学校協働活動に係る取り組みの種別

項目	各項目に対して付された説明	件数／割合（N＝28896）
地域住民等と学校が協働して実施する学習活動（郷土学習、地域課題解決型学習、校外活動学習、キャリア教育等）	子供たちと地域住民等の協働による地域ブランド産品づくり、地域の観光振興、地域防災マップの作成、地域住民と共に学ぶ防災教室、地域の環境問題解決学習、地域課題を学ぶ子供議会、子供たちがふるさとについて地域住民から学び、自ら地域について調べたり発表したりする学習活動、地域のイベントにおけるボランティア体験学習、伝統行事やお祭りでの伝統文化・芸能の発表や楽器の演奏、地域の防災訓練への参画、キャリア教育など	11522/43.3％
放課後等における学習・体験活動（放課後子供教室等）	放課後子供教室等でのスポーツ、伝統文化体験、郷土学習、昔遊び等の活動	14574/50.4％
多様な教育的ニーズのある子供たちへの学習支援（地域未来塾等）	経済的な理由や家庭の事情、発達障害や日本語能力に課題のある場合等により、家庭での学習が困難であったり、学校で学んだ内容が十分に身についていない子供たちを対象に、地域住民等の協力により学習支援を実施する取組	5546/19.2％
企業や団体、大学等の外部人材等を活用した教育支援活動（土曜学習応援団等）	土曜日や夏休み・春休み等において多様な民間企業や団体等の外部人材の活用により、学習・体験プログラムやキャリア教育支援、職場体験学習など	8308/28.8％
学校に対する多様な協力活動（登下校の見守り、授業支援、部活動支援、校内環境整備等）	登下校の見守り、学校の花壇や通学路等の学校周辺環境の整備、本の読み聞かせ、授業の補助や部活動の支援、また地域住民と子供たちが協働で実施する地域の清掃活動など	14316/49.5％
その他の活動		5833/20.2％

出典）文部科学省総合教育政策局地域学習推進課・国立教育政策研究所社会教育実践研究センター（2019）「平成30年度地域学校協働活動等の実施状況調査報告書」（https://manabi-mirai.mext.go.jp/upload/H30chiikigakkoukyoudoukatudou_jissijyoukyoutyousa.pdfの49頁、66頁より筆者作成

生・高校生らを対象とした原則無料の学習支援の場）の存在もあってか、「多様な教育的ニーズのある子供たちへの学習支援」についてもおよそ二割で実施されるなど、社会的包摂を意識した取り組みも行われてはいる。「地域住民等の協力により学習支援を実施する取組」（傍点は筆者）という説明が付されていることをふまえると、住民主体で行われているものは必ずしも多くない可能性も考えられるが、学校教育から排除されるリスクの高い子を地域でも受け止めていこうとする動きが作られつつあることは確かだろう。

3　社会的包摂を目指す福祉の実践に学ぶ

ただ、厳しい家庭環境を抱えた子に対して学習支援の場を提供していこうとする動きは、地域学校協働活動の枠組だけで行われているわけではない。むしろ、子どもの貧困に対する社会的な関心の高まりを背景としながらこの間急速に広がってきたのは、生活困窮者自立支援制度の一環として行われている「子どもの学習・生活支援事業」であろう。同事業はもともと生活困窮者自立支援法に基づく「子どもの学習支援事業」として行われていたもので、二〇一八年の法改正を契機として、生活習慣・育成環境に関する助言など「生活支援」に係る要素が付加された。全国の福祉事務所設置自治体を対象とした二〇一八年の調査によれば、同事業を実施するのはおよそ六割（五三六／九〇二自治体）に上る。このうち三五七の自治体が民間団体等への委託により、また五九の自治体が直営と委託の併用により実施していて、委託先として最も多いのはＮＰＯ法人、続いて多いのが社会福祉協議会となっている。[注3] 貧困の問題を「教育の支援」により解決しようとする政策そのものに内在する危うさなど（堅田 二〇一九）、別に議論しなければならない論点を含んではいるものの、学校の外にある機関によるリスクの高い子を受け止めるための取り組みであるとは言えるだろう。

さて、同事業においてはその実施にあたって、単に勉強を教えるだけでなく居場所としての機能を備えることが重視されている。実際に、実施団体を対象とした質問紙調査では、全体の傾向として「基礎学力保障（基礎的内容の学び直し、学習習慣の改善、学業成績の向上）」と同じくらい「居場所づくり（利用者とスタッフの信頼関係の形成、仲間づくり）」に力を入れていることが明らかとなっている。[注4] これは、家庭や学校に居場所のない子や学習に対するインセンティブの低い子に対する支援を可能にするための手段であるのと同時に（成澤 二〇一八）、これまでの成育歴のなかで自他への信頼を十分に持つことが難しかった子に対して「安心してそこに居られる所」を提供することそのものに意義を見出しているからだろう（西牧 二〇一九）。学習の支援と居場所の提供が必ずしも両立しないという点に留意はしなければならないが（竹井ほか 二〇一九）、学校教育から排除されるリスクの高い子を社会的に包摂していくうえで、無条件に存在の承認が与えられる場を準備することが重要になるという事実を、「子どもの学習・生活支援事業」は教えてくれる。

そしてここまでの議論をふまえると、学校と地域の関係性およびそのなかで組織されている実践

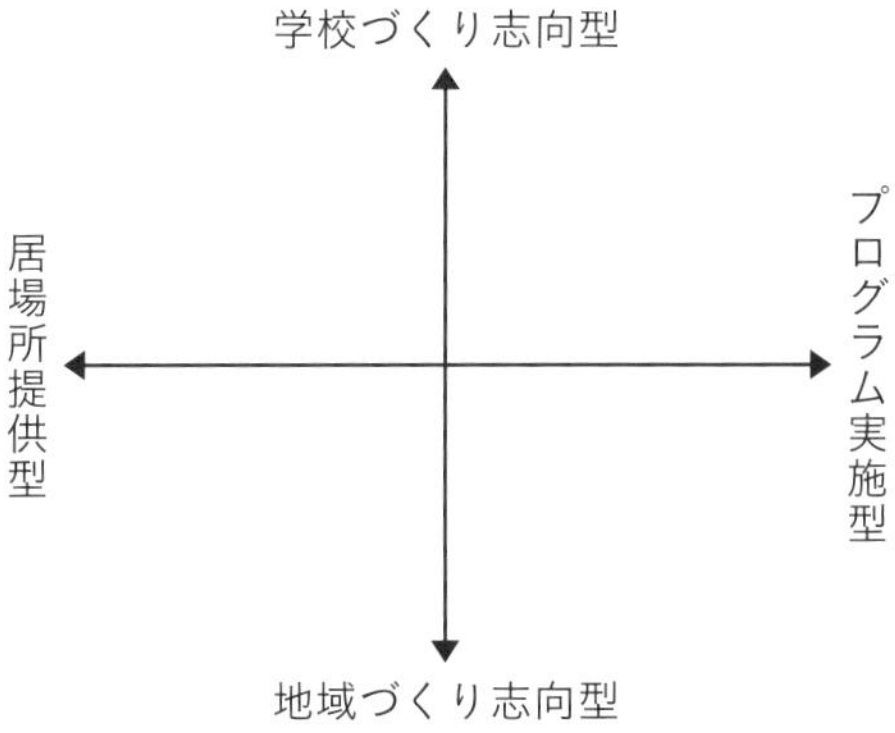

図１　学校と地域における取り組みの類型化

を、次の二軸で整理・分析できる可能性が見えてくる（図1）。一つは学校づくり志向型／地域づくり志向型という軸で、前者は地域の住民らが学校の運営に参画するというベクトルを、後者は学校だけでなく地域においても子どもの学びや育ちを保障していくというベクトルを意味する。もう一つはプログラム実施型／居場所提供型という軸で、前者は子どもの学習・体験プログラムを組織することに主眼を置くような取り組みを、後者は自らの存在が認められていると子どもに感じてもらえるような場を提供しようとする取り組みを意味する。たとえば、住民の協力を得ながら学校の授業で地域ブランド産品づくりに取り組むとすれば（表1の最上段より）、それは図1の第一象限に、学校が休みの日に企業や団体の協力を得ながら地域で独自の学習プログラムを組むというのならば（表1の四段目より）、それは第四象限に区分される。

　もちろんこの二軸・四区分はあくまで理念型であって、複数の象限をまたぐものとして理解すべき取り組みも存在する。「子どもの学習・生活支援事業」であれば、先にも述べたようにその多くは第三象限と第四象限の両方に区分されるはずである。[注5] また、学習プログラムの提供を目的に地域が開設した場であったとしても、当該のプログラムを気に入って毎週その日が来ることを心待ちにしている子や、いつも顔を合わせるスタッフと会話ができることを楽しみにしている子にとっては、おそらくそこが安心して自分らしく過ごせるところなのだろう。ただ、それぞれの学校ないし地域で行われている取り組みをプロットした時、たとえば第一象限に区分されるものばかりがいくつも存在するというのは、やや偏りが過ぎる。この二軸・四区分を用いることにより、学校や地域でバランスよく活動が展開できているかどうかを確認することが可能となる。

4　子どもの権利を保障するために

では、開かれた学校づくりを子どもの権利保障に繋げていくために必要なことは何なのか。最後にそのポイントを考察するのだが、その前に図1に基づいて一つ指摘しておくべきことがある。それは、子どもがそこに存在するだけで全てを認めてもらえるような場をつくることに、全国の「地域学校協働本部」はどれほど注力しているのかという問題だ。文部科学省と国立教育政策研究所が行った調査で想定されている具体的な取り組みを見ると（表1）、学校づくりを志向するものであれ地域づくりを志向するものであれ、その多くが子どもに学習プログラムや体験活動を提供しようとするものであることに気づかされる。もちろんこれは、調査を実施した側が設定した項目であって、必ずしも地域学校協働活動の実態を反映しているわけではない。表向きは学習プログラムや体験活動の実施を掲げていたとしても、その本当のねらいを子どもの居場所づくりに置いているような取り組みもあるだろうし、「その他の活動」に含まれるものも五八三三件（二〇・二％）に上る。ただ、もしたとえば「多様な教育的ニーズのある子供たちへの学習支援」を謳っているにもかかわらず、それがひたすら机に向かうことだけを求めるものであるとすれば、これまで学校の勉強で傷ついてきた子やそもそも安心して勉強に臨めるような環境になかった子が利用できる場とはならないだろう。さらに、せっかく学習支援の場が開設されているにもかかわらずそこに足を運ぼうとすらしない子や足は運ぶけれども全く勉強に関心を示さない子に対して努力や意欲の不足を追求する声が上がり、自己責任の論理が駆動する危険性すらある。

ここで重要となるのが、真に支援を必要とする子の「声にならない声」に絶えず耳を傾けていくことだ。ある目標の達成に重きを置く学習・体験プログラムが組織されると、どうしてもその目標の達成に向けて努力を重ねる子が称賛の対象となりやすい。しかし、子どもの権利保障の手段として学校と地域の連携を位置づけるとすると、むしろ注目すべきは、当該のプログラムに参加していない、あるいは参加はするけれども全く意欲を見せない子たちの存在であろう。学習支援の場になかなか足を運ばない子がいるのならば、その子に対して一方的に変革を迫るのではなく、まずはその子が参加したくなるような場づくりを進めていかねばならない。学校の外でまで勉強する気にはなれないということならば、子どもたちが安心して過ごせる場の開設に地域の活動を集約させていくことも選択肢となるはずだ。一見すると不利な立場にある子の包摂に寄与するように思える実践も、実はその対象が限定的であったり自己責任の論理を忍ばせていたりすることを考えれば、学校や地域で行われる活動に積極的に参加することが難しい子ほど自らが必要とするものについて声を上げることができずにいるという前提に立ちながら、意図的にその「声にならない声」を尊重していく必要がある。それは、学校と地域が連携して行う活動の中身や影響を、最も弱い立場にある当事者の視点から検証し続ける作業となるだろう。

「声にならない声」を尊重しなければならないのは、学校運営協議会や三者（四者）協議会においても同様である。冒頭でも述べたように、学校運営協議会は子どもが参加できる制度とはなっていないのだが、逆に言えばだからこそ「声にならない声」を代弁しようとする大人が委員として名を連ねていることが必要となる。自治会やまちづくり協議会といった地域組織の代表ばかりが委員となり、日ごろから子どもに直接かかわる活動をしている人がほとんど参加していないようでは、権利保障に繋がる議論を積み上げることはおそらく難しい。福祉の専門職（スクールソーシャルワーカーやコミュニティソーシャルワーカーなど）を委員に加えるといった工夫をしながら、誰一人取り残されることなく全ての子どもに目配せができる会議体として機能させていかねばならない。また、子どもの参加を原則とする三者（四者）協議会においても、「声にならない声」まで拾い上げながら合意形成を図っていくことは重要だろう。協議会の場では必ずしも聞こえてこない声まで尊重できるような仕組みを児童会・生徒会とともに作り上げることこそ、意見表明権をあらゆる子に保障していくための第一歩だと言えるからだ。

付記

本稿の内容はＪＳＰＳ科研費 18K13074 および 18K18668 の助成を受けた研究成果の一部を含む。

注

1　文部科学省「地域と学校の連携・協働体制の実施・導入状況について」（https://manabi-mirai.mext.go.jp/upload/2019jisshityousa_gaiyou.pdf、最終アクセス日：二〇二〇年八月一三日、以下インターネットからの引用は全て同じ）より。

2　「今後の地域における学校との協働体制（地域学校協働本部）の在り方～目指すべきイメージ～」（https://manabi-mirai.mext.go.jp/torikumi/tiikikatsudoukyoudouhonbu.pdf）より。

3　厚生労働省社会・援護局地域福祉課生活困窮者自立支援室「平成三〇年度生活困窮者自立支援制度の実施状況調査集計結果」（https://www.mhlw.go.jp/content/000363182.pdf）より。

4　特定非営利活動法人さいたまユースサポートネット『子どもの学習支援事業の効果的な異分野連携と事業の効果検証に関する調査研究事業　報告書』（二〇一七年三月発行）五四頁より。

5　「子どもの学習・生活支援事業」を活用して行われている実践のなかには、むしろ居場所づくりに注力しているものも見られる。たとえば滋賀県では、養育困難な状況にある家庭で生活する子どもに対して、社会福祉協議会や社会福祉施設が「夜の居場所」を用意する取り組みがある（柏木・武井編著 二〇二〇）。これは、夕方から夜の時間にかけて子どもたちにだんらんの時間を過ごしてもらうという目的のもと開設されており、夕食はもちろんのこと場合によっては入浴の機会まで提供している。「子どもの学習・生活支援事業」の一環として実施する市町もあるが、学習に励むことを強いるような雰囲気は全く見られない。

参考文献

岩永定（二〇一一）「分権改革下におけるコミュニティ・スクールの特徴の変容」『日本教育行政学会年報』第三七号、三八―五四頁

岩永定（二〇一二）「学校と家庭・地域の連携における子どもの位置」『日本教育経営学会紀要』第五四号、一三―二二頁

柏木智子・武井哲郎編著（二〇二〇）『貧困・外国人世帯の子どもへの包括的支援――地域・学校・行政の挑戦』晃洋書房

堅田香緒里（二〇一九）「『子どもの貧困』再考――『教育』を中心とする『子どもの貧困対策』のゆくえ」佐々木宏・鳥山まどか編著『シリーズ子どもの貧困3　教える・学ぶ――教育に何ができるか』明石書店、三五―五七頁

北野秋男（二〇一八）「学校運営協議会の組織と活動――組織・会議運営・議事の実態」佐藤晴雄編著『コ

ミュニティ・スクールの全貌――全国調査から実相と成果を探る』風間書房、三二一―四〇頁
竹井沙織・小長井晶子・御代田桜子（二〇一九）「生活困窮世帯を対象とした学習支援における『学習』と『居場所』の様相――X市の事業に着目して」『名古屋大学大学院教育発達科学研究科紀要（教育科学）』第六五巻第二号、八五―九五頁
武井哲郎（二〇一七）『「開かれた学校」の功罪――ボランティアの参入と子どもの排除／包摂』明石書店
仲田康一（二〇一五）『コミュニティ・スクールのポリティクス――学校運営協議会における保護者の位置』勁草書房
仲田康一・大林正史・武井哲郎（二〇一一）「学校運営協議会委員の属性・意識・行動に関する研究――質問紙調査の結果から」『琉球大学生涯学習教育研究センター研究紀要』第五号、三一―四〇頁
成澤雅寛（二〇一八）「学習と居場所のディレンマ――非営利学習支援団体からみえる子どもの貧困対策の限界」『教育社会学研究』第一〇三集、五―二四頁
西牧たかね（二〇一九）「学習支援は何を変えるのか――その限界と可能性」佐々木宏・鳥山まどか編著『シリーズ子どもの貧困3　教える・学ぶ――教育に何ができるか』明石書店、二四五―二七〇頁

第12章　学習環境調査を活用した対話のある学校づくり

坪井　由実
（北海道大学名誉教授）

Ⅰ　「学習環境調査に基づく対話のある学校づくり」プログラムの概要

（1）プログラムの特徴

本章では、学校づくりの目標として四つの視点、すなわち【学力の向上】【市民性を育む】【対話と協働】【地域に開かれた学校づくり】（以下、四視点は【　】で記す）を組み込んだ「学習環境調査」により、児童生徒、保護者、住民（学校運営協議会の地域委員等）、教職員の四者の学校に関する意識をデータで示し、四者が対話するなかで学校づくりをすすめていく学校改善プログラムについて検討する。[注1]二〇一六年から二〇二〇年にかけ、全国の五つの教育委員会所管の一三の小中学校の協力を得て、学習環境調査を二～四回実施し、四者で延べ一万三〇〇〇名余のデータをもとに改良を重ねてきた。条件が熟した学校では、四者による「学校づくり会議」が三〇名から一〇〇名規模で開催された。各学校毎の調査結果と一年間の対話実践の概要は、四者の回答者すべてに配布し、次年度の対話に活かせるようにしている。

本プログラムの特徴は、第一に、学習環境調査でいう「学習」は、多様な意見が分散している学校当事者間の対話による学びにある。子どもはもちろんのこと、教職員も子どもや保護者、同僚との対話を通して教育専門職能を磨き、保護者・住民も、学校づくりの担い手として力量を高めていくことをめざしている。第二に、本プログラムは、毎年もしくは隔年で学習環境調査を実施し、この調査データに基づいて、三者（学校運営協議会未設置校など）もしくは四者で対話しながら学校改善に取り組む。第三に、教育委員（会）や教育長は、対話のある学校づくりを奨励し、自らもできるだけこれらに参加して四者の思いや願いを聴く。これによって、自らの住民代表性を高め、学校のニーズに応えた学校支援政策を展開していくことを、本プログラムは推奨している。

（2）学習環境調査を活用した対話のツール開発

①　設問ごとの平均値と一二の環境因子ごとの「因子得点」

学習環境調査票は、児童生徒用三六問、保護者用三六問、教職員用三七問、地域住民用二〇問からなる（注1資料3参照）。それぞれ四視点（前述）、一二因子（地域住民用は八因子）で構成されている。まず設問ごとに、「よくあてはまる」から「あてはまらない」を点数化（四点から一点）して平均値を求める。次に、例えば児童生徒用の調査票の全三六問は、因子分析をもとに、一二の学習環境因子に類別されている。このうち【市民性を育む】視点の場合、三つの学習環境因子にまとめ、それぞれ三問からなっている。例えば、《子どもどうしが協力すること》という学習環境因子は、「私たちの学校には、おたがいの気持ちを分かり合おうとする児童生徒が多い。」「私たちの学校の児童生徒は、考え方がちがっても協力できている。」「私たちの学校の児童生徒は、いつでもチームワークを発揮できる。」の三問からなっている（以下、四者各一二の学習環境因子は《　》で記す）。このように、各学習環境因子内の三つぐらいの設問の平均値を「因子得点」とし算出している。平均値や因子得点の中央値は二・五であるから、ある学習環境因子の因子得点が「三・〇」以上であれば、多くの回答者が肯定的であり、その学習環境因子に関しては良好な学習環境ないしは人間関係にあることを意味する。「二・五」未満であれば、消極的回答が多いことを意味する。さらに、因子得点の経年変化を示し、その学校の学習環境がどのように変化しているかがわかるように工夫している（注1資料5参照）。

②　四者の意識のギャップのチェック表

四者の意識の違いを対話の切り口にできるように、学習環境調査票には、四者に共通した質問を設定している。これらを比較すれば、四者間の学習環境についての認識の違いが浮かび上がる。とかくデータを他校と比較しがちであるが、本プログラムは、あくまで一つの学校内の四者間の認識

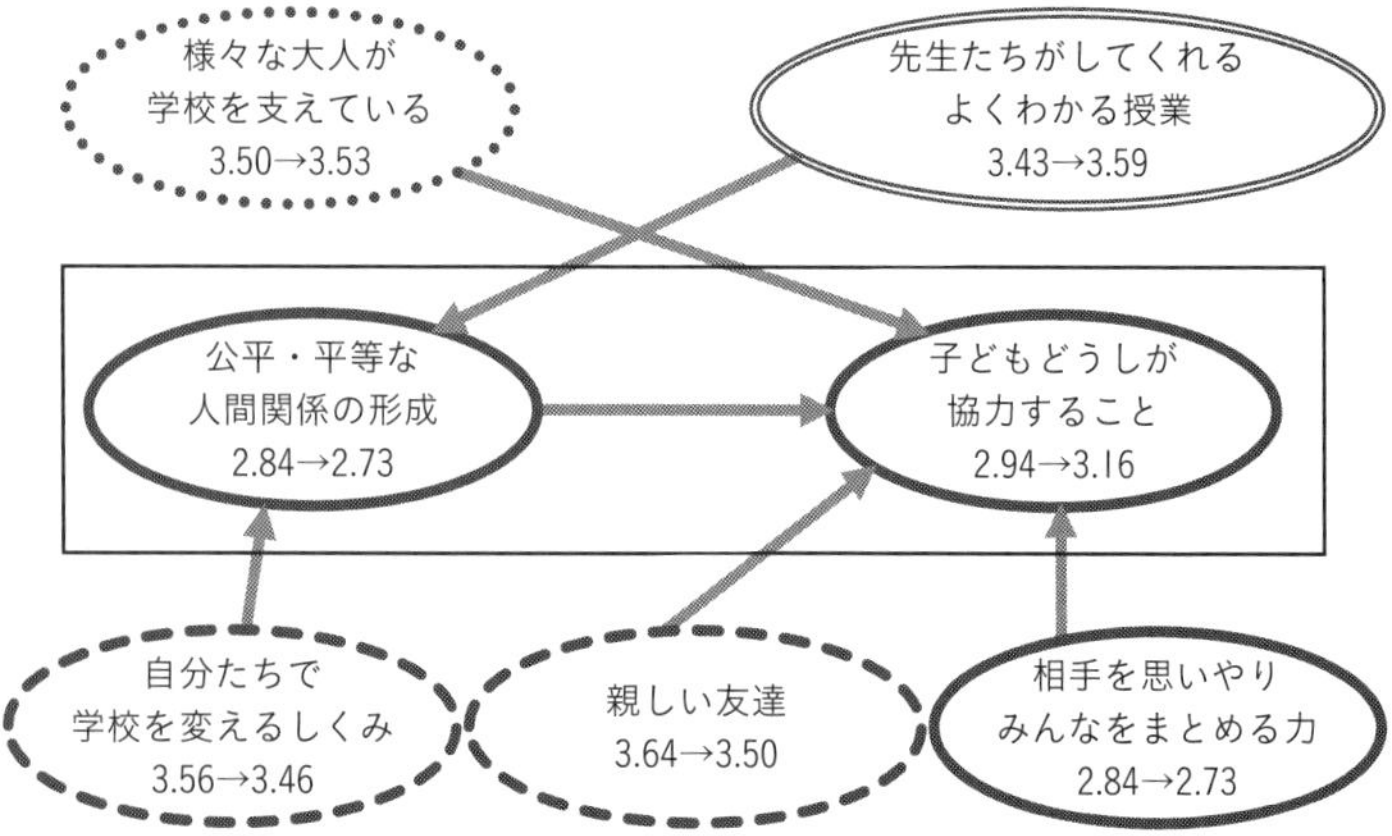

児童の「市民性を育む」に関わるパス図:因子得点の変化（2018→2019）

のギャップ（温度差）やズレを意識化する対話に繋げ、相互理解を深めることに重点を置いている。こうして、教室や学校の空気を読むのではなく変えていく。学校文化・風土を変革しながら、学校づくりをすすめていくのである（注1資料10参照）。

③　構造方程式モデルを簡略化したパス図の開発

学習環境因子間において、ある因子が他の因子に影響を与えていることが特定できるなら、現状把握にとどまらず、今後の学習環境の整備や改善の方策を的確にたてることができる。そこで、調査結果の分析にパス解析を加えた。Amos（ソフト）を用いて構造方程式モデリングによりパスモデルを構築し、分かりやすく簡略化したパス図を考案した。

このパス図の開発にあたった共同研究者の宮田は、以下のようにその意義を解説している（注1参照）。たとえば、児童生徒の【市民性を育む】においては、《相手を思いやりみんなをまとめる力》、《公平・平等な人間関係の形成》、《子どもどうしが協力すること》の三因子がある。これらの因子にパスが向かっている因子を抽出すると、図のように児童生徒の全一二学習環境因子のうち、七因子が関係している（楕円内の数値はその学校の二年間の因子得点）。それらは、視点【市民性を育む（実線の楕円）】の因子以外に、【学力の向上（二重線の楕円）】、【対話と協働（破線の楕円）】、【地域に開かれた学校づくり（点線の楕円）】に関係する因子も関わっていることが分かる。このパス図からは、《子どもどうしが協力すること》に対しては、《公平・平等な人間関係の形成》や《相手を思いやりみんなをまとめる力》の因子が肯定的な影響を与え、他にも《様々な大人が学校を支えている》や《親しい友達》も肯定的な影響を与えているといえる。つまり、子どもたちが協力しようとする意識を高めるには、まず、公平で平等な関係があり、互いに思いやり、みんなをまとめるリーダー性も大切になる。そして、様々な大人が学校を支えていることへの気づきや友達の輪が広がっていくことも子どもたちの協力を引き出す要件になっているといえる。これらの因子の関係構造に注目すると、これから児童生徒の市民性を高めていくためには、他の三つの視点に含まれる環境因子もかかわっていることを踏まえ、改善策を組み立てていくことが有効と考えられる。

Ⅱ　対話の公共空間が児童生徒はじめ四者の「自律と自己統治」能力を高めていく

本プログラムは、対話の公共空間を整備するなかで、児童生徒と保護者・住民、教職員は、自分たちの学校を創っていく、あるいは統治する能力を高めていくことができる、との仮説にたってている。学校自治や教育の地方自治などにいう「自治」概念は、「自律」と「自己統治」の両側面がある。学校自治であれば、できる限り国や自治体の首長などの一般行政権限から自律し、教育行政による条件整備責務を追及しつつ、自分たちで学校を運営あるいは自己統治していくことを内容としている。私たちは、児童生徒が学校生活における自己決定と授業改善などへの参加を通して、自分自身と社会（学校を含む）を統治する能力の形成を【市民性を育む】とし、【学力の向上】とは区別して、学校教育の目的に掲げている。その今日的意義は、以下の点にある。

（1）憲法・教育基本法が保障する人格権

学校は、子ども一人ひとりが尊厳と誇りをもってすごせるところでなければならない。子どもの尊厳とは、発達段階に応じて、最大限に自己決定を認めることである。憲法一三条は、「すべて国民は、個人として尊重される。生命、自由及び幸福追求に対する国民の権利については、公共の福祉に反しない限り、立法その他の国政の上で、最大の尊重を必要とする」と定めている。わが国の「人格権」は、公害訴訟のなかで憲法上の権利として確立されてきた経緯がある。最近でも、福井地裁は、「個人の生命、身体、精神及び生活に関する利益は、各人の人格に本質的なものであって、その総体が人格権である」として、危険な大飯原発三、四号機の運転再開を差し止めた（二〇一四．五．二一）。教育基本法一条の「人格の完成を目指し」という教育目的も、憲法一三条の人格権の精神に立脚して実践的に解釈、運用することが肝要である。「人格」は一人ひとりの「内的総体」であり、知的要素、徳（市民的徳性）、身体要素のすべてである。大人に励まされながら、一人ひとりが、自由に内面を豊かに形成し、夢を抱きながら目標に向かって自分自身をつくっていくことは、子ども固有の人格権である。本プログラムは、授業と学校生活全般における多様な対話空間のなかで、価値の多元性を承認しながら、自分たちで考え行動し、みんなで学校生活を創造していくなかで、すべての子どもが市民性を育て、一人前の大人になっていくことをめざしている。

（2）教育基本法全部改正と改憲の動きのなかで

にもかかわらず、日本政府は、主権者形成をめざした「政治教育」を「偏向教育」扱いしたり、通知による指導行政によりその学習環境整備を怠ってきた。「義務教育は国家による統治行為」であり、「義務教育は……国家への義務である」といってはばからない（「二一世紀日本の構想」懇談会報告書』二〇〇〇年一月）。二〇〇六年の教育基本法の全部改正においても、新法の一六条と一七条では、国の条件整備責務に限定した文言にかわって、国と自治体の役割分担と、政府による教育振興基本計画の策定などによって、国は義務教育を包括的に支配しようとしている。さらに二〇一七年一二月、自民党憲法改正推進本部は、「改憲四項目」のひとつに「教育の充実」を掲げた。憲法二六条に第三項を設け、「国は、教育が……国の未来を切り拓く上で極めて重要な役割を担うものであることに鑑み……教育環境の整備」にあたるとしている。これなどは、教育への国家介入を憲法上正当化しようとする企てといわねばならない。わが国の憲法は、国民の諸権利を定める権利の章典と、これを保障していく統治機構（国会、内閣、司法、財政、地方自治）について定めている。この統治機構の担い手を育てることが、公教育には期待されている。一人ひとりの自律と自己統治、すなわち自分づくりから出発し、学校づくり、社会づくりへと積み上げていく力あるいは市民性を育む教育が、いま、求められているのである。二〇一九年七月の保護者向け学習環境調査の全国集計でも、多くの保護者は「子どもには、学力とともに市民性（まわりの人と協力して生きていく力）を育ててほしい」（因子得点三・三五）と強く願っている。

(3) シティズンシップ教育をめぐる世界的動向

世界的にみても、自己統治能力の形成の危機的状況が問題視されており、改めて学校教育におけるシティズンシップ教育に注目が集まっている。元来、「自分自身を統治することは、われわれの自然権である」（トマス・ペイン）。アメリカの建国時の共和主義者たちは、市民が様々な共同社会の統治に参加するなかで、自己統治能力を育んでいく多様な政治形態を作り出してきた。一九世紀半ばの初期教育委員会制度もその一つ。当初、教育委員、学校委員、視学などすべての教育行政職ポストを毎年選挙で選んでいた。また、教育委員たちは、財務委員会、学校建設委員会、教科書審査委員会など、一〇ほどの常任委員会を編成し、事務執行にもあたっていた。「自律と自己統治」を重んずる市民は、自分たちの自由と幸福追求などの基本的人権を実現するために、学校も、コミュニティや国家もつくったのである。今日でも、"We govern our school"と日常的に語っている市民は、一人ひとりの自律と自己統治を強く意識し、わが子の学校を統治（ガバン）している。一九七一年の合衆国憲法二六条修正により、一八歳選挙権が確立して半世紀がたった。生徒代表が（準）教育委員として加わり、校長選考などを行う学校ごとの協議会には、保護者とともに生徒代表が参加している。生徒参加は子どもの自律を援助し、生徒は自分たちの学校生活に影響を及ぼす政策決定に責任を果たす活動を通して、徳（virtue）をみがき、民主主義や自治の担い手になっていくことができると、教育委員会は説明している。保護者・住民は、教職員と協働し、子どもたちにとってより良い学習環境を整備していく学校当事者間の調整能力あるいは統治能力が期待されている。わが国においても、本プログラムでは、欧米の様々な生徒参加や保護者・住民参加のしくみだけでなく、その土台にある市民性や徳性を育む学校政治文化を、わが国における学校生活の日常のなかに根付かせていくことをめざしている。

Ⅲ　対話のある学校づくりの実践事例

（1）生徒の本音をじっくり聴く四者対話の試み——鳥取県南部町立D中学校

①　生徒会役員の悩み

鳥取県南部町立D中学校では、二〇一六年度から毎年四者で話し合いが続けられている。二〇一九年二月の四者会議では、「自分たちで学校を変えるしくみ」と自主性が議論された。学習環境調査によれば、生徒たちは、「私たちの学校では、よい学校生活になるように生徒の代表が話し合っている。」（三・一七）と思っている。しかし、教職員は「本校の生徒会では、生徒の意見を積極的に取り入れて運営している」（二・五七）とはあまり思っていない。これをめぐって、生徒会役員は、「生徒会の意見がなかなか通らず、やっていて辛い。自主的にやっているというよりも、（先生たちに）やらされている感がある」と語り出した。これには、保護者・住民も教職員も驚き、生徒たちの本音をじっくり聴く展開となった。以下は、当日の参加者アンケートからの抜粋である。

②　対話を通して生まれた四者の意識の変化と新たな願い

◇生徒　今日伝えたことを実行してほしいし、先生がたがどう思っているかを話し合える場が欲しい。／教育委員の人たちや議会の人たちなど、行政の方と話し、本当の学校生活の実態を知ってもらいたい。／先生と、学校の改善点をあげて話し合いたい。

◇保護者　生徒会は生徒の代表ですが、まず自分が一つ変えたいこと、改善したいことを見つけ、それを変えることをやってみるとよいのではないでしょうか。／先生方は、子ども達と話し合う場があるのでしょうか。今日のように、子どもたちの意見を聞くことが必要だと思う。

◇教職員　生徒たちの気持ちに気づけていなかった点の反省を伝えたい。学校が大人たちの自己満足の場になっていなかったか、振り返ってみたい。／生徒と教員で、もっと授業中に目標を振り返る場が必要だと感じた。また、生徒の思いを実現させるために、教育委員会などにも要望を伝え、かなえてもらわねばと感じた。

◇住民（学校運営委員）　生徒の皆さんは、もっと気持ちを先生に話されたほうがよいと思いました。

③　大人たちの聴く姿勢のなかで子どもたちは「市民性」「自律と自己統治」能力を育む

共同研究者の伊藤は、関係的権利観の視点から、南部町立五小中学校の実践を以下のように分析している（注1参照）。子どもの権利条約は、大人との関係の中で子どもの最善の利益が確保されるという関係的権利観がとられている。大人と子どもの関係は非対称的であるため、依存を不可避とする状態にある子どもにとって、自分自身の思いや願い（意見・ニーズ）を発信するためには、大人が子どもの権利に関する認識を深め、子どもの声を聴く姿勢で対話に臨むことが必要になる。子どもは、家庭や学校、地域社会における、子どもの権利を尊重した関係性を構築していくなかで、自己肯定感を高め、自分と学校社会の未来を想像し、創造しながら、市民性を育み、自律と自己統治の力を形成していくことができるように思われる。

(2)　学習環境調査を生かした教職員集団の対話の試み──愛知県下のF小学校

児童数が八〇〇名を超える愛知県下のF小学校では、四者の対話がすぐできる状況にはなかった。そこで、学習環境調査結果をもとに、まず教職員全員が参加して対話による研修会を開催した。二〇一八年度の協議題目は、教職員の一二の学習環境因子のうちから、因子得点が全国と比較して相対的に低い環境因子に絞って、小集団に分かれて話し合った。その成果は、後日、学校運営部会で、「学習環境調査から見えてきた本校のよさと課題」として、以下のようにまとめられている。

①　学習環境調査に基づく教職員研修で明らかとなった本校の強味と課題（抜粋）

◇《教職員の専門性と同僚性》「自分の専門性が発揮できている職場である」と実感している教職員は半数のみ→小学校教師に求められている専門性とは何なのか、もう一度見直す必要がある。

◇《保護者からの支援や協力》「保護者が学校改善のために教師と協働できている」とは言えない状況にある→学校に求められているものは何か、保護者との距離を縮める対話が必要である。

◇《同僚と高めあう関係》「新しい教育企画にチャレンジしやすい雰囲気」「やりがいのある職場」とは言えない→苦労に見合わないし、新企画への労力が湧きにくい状況にある。

◇《保護者への情報発信》「保護者向けに学校情報を積極的に発信している」と感じている教職員は多い→学校行事中心の情報となり、日々の学校生活の情報発信が不足している。

◇《地域住民との交流》「地域住民は、好ましい関わりをもってくれている」と感じている教職員は少ない→地域住民の思いに応えきれていない。

②　翌年度の学校経営案の改善と四者相互の対話の試み

本校を担当した共同研究者の松原と藤岡は、翌二〇一九年度の学校経営案の改善や四者相互の対話の展開について、以下のように観察、分析している（注1参照）。同校においては、上記に関わる設問の平均値は二年目にすべて好転している。加えて、この学校では、「学校経営案」にも学校目標として「教職員の専門性の向上」を入れ、「対話づくり部会」という新しい分掌を立ち上げた。また、教職員どうしのみならず、保護者や地域住民、子どもとの対話を組織的に進めていけるような仕組みを創設した。学校運営協議会のメンバーと子どもとの対話、同メンバーと教職員との対話等を試み、学校運営協議会委員の願いにも応えていった。このように、F小学校において学習環境調査は、特に教職員と子どもを中心とする対話によって学校改善を進めていく優れたツールとなっている。また、F校では、学校の了解を得て、学年別のデータ分析も試みた。その結果、学年により平均値や因子得点はかなりばらついていることが分かった。今後は、学年別等よりきめ細かい現状分析を行いながら、学級・学年づくりをしていくことが望まれる。

(3) 四者対話における自己の省察（振り返り）——鳥取県南部町立C小学校

① 来年度開設のC校ハッピー・アイディア・タイムでどんなことがしたいか

鳥取県南部町立C小学校は、児童数が二〇名に満たない小規模校である。一年生から六年生まで助け合い、様々な活動を保護者や地域の人々の協力を得ながら取り組んでいる。この四年間「みんなでつくろう楽しく学べる学校づくり」などをテーマに四者による学校づくり会議を重ねてきている。二〇一八年度のテーマは、新しく取り組むC小ハッピー・アイディア・タイムで取り組みたいことを出し合い、児童とともにカリキュラムづくりをすすめる対話集会となった。集会後のアンケートでは、今後の対話活動への希望を含めて、以下のような意見が寄せられた。

◇児童　「もの作り」や「C小美化運動」などたくさん出て、賛成意見や反対意見もたくさん出て、ぼくには想像のつかない意見がでました。／いつもは児童だけで話し合いをして決めていたけど、保護者や地域の方たちの意見も聞くことができた。／大人たちにも、自分から発表してもらいたいです。／地域の人たちや特に大人の人たちとは話し合いをしたことがなかったから、いいなと思いました。みんなと話し合うと楽しくなると思いました。

◇保護者　子どもたちはしっかり話し合いができたかもしれませんが、保護者、地域の方は話し合いができたという感じはなかったのでは？　確かに発言はありましたが、最終的に良い話し合いができたという感じにはなれなかったようにも感じました。／自分の意見を言ったり、人の意見に耳を傾けることはとても大切なことだと思います。C小のみんなはそれがよくできていました。／まずは生徒と話し合いたい。子ども達が何を思ってどうしたいのか。それを実現させてあげるために何ができるかを、先生、地域、保護者と話し合いたい。

◇教職員　来年度のC小ハッピー・アイディア・タイムの活用について、児童の思い、考えについて共有する場が持てて、地域に対する思いを知ることができるなど、発見がたくさんありました。児童のアイディアの豊かさに驚かされました。／保護者の方々と、子どもたちの希望を実現するために、どんなことができるかを話し合いたい。／地域、保護者の方々と、世代を超えた交流について、もっと詳しく話し合いたいと思いました。

◇住民（学校運営委員）　子どもは、地域といかに接して体験学習をするか、高学年と低学年の考えの違いをうまくまとめて発表していた。地域でできることがあれば協力したい。／保護者の皆さんには、例えば児童は体験学習をしていますが、その中に入って保護者の方も一緒になって体験してほしい。

② 対話による省察的な学習

共同研究者の篠原は、こうした対話集会の意義について、「省察的な学習」の視点から、以下のように分析している（注1参照）。参加者アンケートから言えることは、保護者の批判的な意見をもって直ちに運営が問題だったと認識するのではなく、むしろ子どもたちも大人とのより積極的な対話を望んでいて、大人同士の対話が不足していた状況が意識化された意義は大きい。今後の企画では、四者の間で芽生えている対話への「飢え」に応える形で、日々の学校づくりや授業の状況等を深く話し合える工夫があるとよい。調査結果が、学校づくり会議における対話を媒介し、それぞれの省察的な学習を機能させていくことを期待したい。

Ⅳ　学校づくり会議を通して学習環境はどのように改善されたか
――鳥取県南部町教育委員会の取組

(1) 永江教育長の学校自治を尊重した自治体教育政策の展開

永江多輝夫教育長（在職期間二〇〇八年一〇月―二〇一九年三月）は、コミュニティ・スクール

南部町立Ｂ小学校の「学校づくり会議」の様子（2020年２月27日）

（地域協働学校）制度の導入や、町単独予算による三〇人学級の小学校三年生までの拡充など、自治体教育政策を精力的に展開してきた。また、第二期（二〇一八―二〇二三年）南部町教育振興基本計画では、「児童生徒・教職員・保護者・地域住民の四者対話による学校づくり、学習環境づくりをすすめ、学力の向上と社会性の育成につなげます」と謳っている。

（2）学習環境はどのように改善されたのか

この間、永江教育長と福田範史教育長（二〇一九年四月～）はじめ本プログラム担当の水嶋志都子指導主事らは、各学校における「学校づくり会議」に積極的に参加し、児童生徒や保護者の声を聴きながら学校支援政策を展開してきた。データからみえてきた成果として、第一に、子どもたちは学校づくり会議に参加するなかで、「様々な大人が学校を支えて」くれていることを実感している。本校のパス図（省略、注1文献二二頁参照）からも、《様々な大人が学校を支えている》因子は、子どもたちの学力向上に関わる中心因子であ

地域や教育委員会に対する認識の変化
――南部町2016年から2019年度の推移

教育委員会関係環境因子の設問		南部町５校の平均値			全国
		2016	2018	2019	2019
児童生徒	私たちの学校の先生たちは、地域の人たちと協力して活動している。	3.14	3.21	3.41	3.33
	私たちの地域の大人の人たちは、子どもの教育のことをよく考えてくれている。	3.08	3.18	3.38	3.36
保護者	教育委員会は、学校に対して十分なサポートをしている。	2.42	2.41	2.63	2.37
	教育委員会は、教職員を増やすなど学習環境をよくするために力を入れている。	2.20	2.23	2.52	2.23
	教育委員会は、保護者の声を生かして教育政策を推し進めている。	2.08	2.13	2.41	2.15
学校運営協議会委員	教育委員会は地域住民の声を生かして教育政策を推し進めている。	2.37	2.45	2.62	2.65
	私は、教育委員会の活動内容をよく知っている。	2.28	2.57	2.42	2.40
	教育委員会は、まちづくりにつながる学校教育を推進している。	2.67	2.98	2.94	2.82
	教育委員会と学校運営委員会は相互に協力して学校づくりを行っている。	2.67	2.84	2.76	2.73
	教育委員会と学校運営委員会との共通理解の場をもっと増やしたい。	2.67	2.75	3.16	3.16
教職員	教育委員会は、教職員の専門性を高めるサポートをしてくれている。	2.42	2.54	2.44	2.46
	教育委員会は、教職員の主体性を引き出している。	2.16	2.33	2.23	2.28
	教育委員会は、教職員の声を生かして教育政策を推し進めている。	2.12	2.24	2.08	2.18

る《先生たちがしてくれるよくわかる授業》と《勉強ができるという自信》に大きな影響を与えていることが明らかとなっている。対話のなかで、子どもたちは、こうした学習環境の中で、安心して学べ、助けてもらったり、褒めてもらうなかで学びに意欲的になれると語っている。

第二に、保護者の《教育委員会の役割》認識や学校運営協議会委員の《開かれた教育委員会活動》認識は、児童生徒の平均値と比べると極めて低い。これは全国五自治体に共通している。それでも、学校づくり会議などの取り組みを通して、確実に、保護者や地域住民の教育委員会に対する認識は深まり肯定的になってきていることがわかる。

第三に、これに対して、教職員の《教育委員会からのサポート》についての認識は、例えば「教育委員会は、教職員の声を生かして教育政策を推し進めている」の平均値は、二・一二（二〇一六年）と非常に低いなか、二〇一九年は二・〇八とさらに下がっており、四者の話し合いだけでは教職員のニーズにあった職場環境を整備していくことは難しいようである。この点は、前述のF校のように、学習環境調査結果をもとにした教職員研修会をワークショップ形式で開催する取組も参考になるだろう。多様な対話の取り組みを通して、学校と教育委員会との双方向の学び合いのパイプを太くしていくことが望まれる。

注

1　本プログラムは、二期にわたる科学研究費による共同研究により作成された。また、二〇年にわたる「開かれた学校づくり」の全国交流集会における三者協議会などの実践にも学びながら、開発してきた。その研究成果報告書は『「学習環境調査に基づく対話のある学校づくり」ハンドブック』として、北海道大学学術情報公開システムに登録されており、閲覧、複製は自由である。http://hdl.handle.net/2115/77280　本稿の参照資料はすべてこのハンドブックに収められており、参照いただければ幸いである。また、引用している共同研究者の以下の論考も収録されている。宮田延実「学習環境調査票の回答から構築したモデルとその活用方法」／伊藤健治「子どもの権利を保障する『対話のある学校づくり』」／松原信継「『学習環境調査』の学年別集計の可能性と教職員の専門職リーダーシップ」／藤岡恭子「教職員研修で学習環境調査結果を読み解くワークショップの開催」／篠原岳司「分散型リーダーシップを実現する対話と省察の学習論」。

第Ⅲ部

資料編

作成：勝野　正章
（東京大学教授）

第Ⅲ部には、第11～20回集会の概要を資料として記録した。まず、各回集会の日時、開催地・会場、実行委員会、日程、全体会・分科会、報告者・タイトルなどを記した。これらは各回の実施要項から主要部分を抜粋したものであるため、記述スタイルに若干の違いがあるが、敢えて統一を図ることはしなかった。また、集会当日の報告者・タイトル等の変更・修正は反映されていない。次に、全国呼びかけ人の一覧（第20回大会、２０１９年12月時点）を掲載した。最後に、第11～20回集会における報告テーマ等の分類を参考として付した。

1．各回集会の概要

(1) 第11回　開かれた学校づくり全国交流集会

日時　２０１０年11年27日（土）13：00～17：45
会場　東京大学教育学部（東京都文京区本郷7―3―1）

Ⅰ　開会集会

司会　宮盛邦友
勝野正章「提案：開かれた学校づくりの実践と研究――２０２０年に向けて」

Ⅱ　実践研究発表と協議

Ⅱ―1　開かれた学校づくり
（1）平松昌子（岡山県立落合高校）「落合高校の三者協議会の取り組み」

（2）押田貴久・武井哲郎・村上純一・仲田康一（東京大学大学院）「公立中学校における四者協議会の展開過程」

Ⅱ―2　開かれた教育行政

（1）佐藤智恵子（上田市第二中学校PTA）「地域に根ざした教育・教育行政とは何か――『上田市教育行政のあり方を考える有識者会議』から見えてくるもの」

（2）金龍（韓国清州教育大学教授・日本学術振興会　外国人招へい研究者）「韓国の教育自治制度の変化の展望」

Ⅱ―3　中学生・高校生のつどい

Ⅲ　閉会集会

司会　宮盛邦友

会のまとめ　中田康彦

（2）第12回「開かれた学校づくり」全国交流集会 in さっぽろ

日時　2011年9月24日（土）～25日（日）

会場　北海学園大学豊平キャンパス

さっぽろ実行委員会（五十音順）　実行委員長：富田充保（札幌学院大学）、実行委員：姉崎洋一（北海道大学）、栗野正紀（北海道教育大学）、池田考司（北海道江別高等学校）、内田和浩（北海学園大学）、荻原克男（北海学園大学）、川原茂雄（北海道琴似工業高等学校）、河野和枝（北星学園大学）、佐藤広也（札幌市立石山南小学校）、佐々木一（北海道石狩翔陽高等学校）、庄井良信（北海道教育大学）、鈴木敏正（北海道大学）、谷光（DCI日本支部札幌セクション）、南場行広（北海道札幌平岸高等学校校長）、福井雅英（北海道教育大学）、前田賢次（北海道教育大学）、松代峰明（北海道富良野高等学校）、三上勝夫（北海道文教大学）、宮盛邦友（北海道大学）、武川一彦（札幌大学）

【第1日目】

14：30～14：40　開会の挨拶：中田康彦
14：40～15：00　基調報告：宮盛邦友
15：00～16：15　シンポジウム《北海道の開かれた学校づくり》
司会　荻原克男、篠原岳司
報告①「平岸高校の三者会議」南場行広（北海道平岸高校）
報告②「富良野高校の三者協議会」松代峰明・生徒会（北海道富良野高校）
報告③「美瑛高校の美高フォーラム」美瑛町教育委員会
16：15～16：30　休憩
16：30～17：30　シンポジウム　討論
18：30～20：30　交流懇親会

【第2日目】

10：00～12：30　分科会

分科会A《子ども理解のカンファレンス》
司会　池田考司、庄井良信
報告①「檜山の子ども理解のカンファレンス」上ノ国町教育委員会
報告②「滋賀の子ども理解のカンファレンス」滋賀県中学校教師

分科会B《学校づくりと地域づくり》
司会　佐藤広也、三上勝夫
報告①「学校と地域が響き合う稚内市子育て運動の展開」河野和枝（北星学園大学）
報告②「東日本大震災における地域と学校」宮城県気仙沼市小学校教員

分科会C《開かれた学校づくりと教育委員会》
司会　谷光、武川一彦
報告①「札幌市子どもの権利委員会の2年間」粟野正紀（北海道教育大学）
報告②「フランスにおける生徒・父母参加の制度と実態」大津尚志（武庫川女子大学）

分科会D《高校生の集い》世話人　宮下与兵衛、松代峰明

12：30〜13：30昼食休憩
13：30〜16：00　パネルディスカッション
《学校づくりの実践と理論との対話》

司会　勝野正章
報告①「開かれた学校づくりの理論的課題」
「三笠町のコミュニティ・スクール」前田賢次（北海道教育大学）
「草加東高校の学校評価連絡協議会」小島優生（獨協大学）
報告②「開かれた学校づくりの実践的課題」
「美瑛高校の美高フォーラム」浪岡知朗（北海道美瑛高校）
「川口北高校の学校評価懇話会」小池由美子（埼玉県立川口北高校）

16：00～16：15　閉会の挨拶　富田充保

（3）第13回「開かれた学校づくり」全国交流集会 in 埼玉・そうか

日時　2012年11月3日（土）～11月4日（日）
会場　獨協大学　埼玉県草加市学園町1―1

埼玉・そうか実行委員会　川村肇（獨協大学・実行委員長）、小島優生（獨協大学・事務局長）、小池由美子（埼玉県立川口北高校・事務局次長）、細野隆彦（埼玉県立岩槻高校）、菅間正道（埼玉私立自由の森学園）、徳永光（獨協大学地域と子どもリーガルセンター）、山内芳衛（さいたま教育文化研究所）、小池奈津夫（埼玉県立草加西高校、草加元気っ子クラブ）、白鳥勲（さいたま教育文化研究所）、小峰秀樹（埼玉県立川口北高校）、込戸正人（民主教育をすすめる草加市民会議）

11月3日（土）
13：00～　受付
13：30　開会　あいさつ（代表呼びかけ人）、現地実行委員長あいさつ（川村肇）、現地実行委員紹介、基調報告（小島優生）
14：00～17：30　シンポジウム「開かれた学校づくりの今とこれから」
――シンポジウムの趣旨――
埼玉県では、2005年から全県立学校に学校評価システムが導入され、それを機能させるために、生徒、保護者、地域住民参加の「学校評価懇話会（四者協議会）」を設置することになっています。県の学校評価に関する「手引き」には、生徒参加は「各学校の実情に応じて」となっていましたが、この間の各学校の努力によって、2012年度にすべての県立高校で生徒参加が実現しました。障害児学校においても、76・5％の学校で生徒参加が実現しています。
シンポジウムでは、四者協議会の取り組み、中学校の学校選択と地域や、中学校の父母との共同の学年集団づくりも交え、これからの開かれた学校づくり発展の可能性はどこにあるのかなど、全国各地の実践を交流し参加者の皆さんと意見交換することによって深めていきたいと考えています。
パネリスト：高校生、高校保護者・教員、障害児学校評議員、中学校教員等
指定討論：西村誠氏（横浜市立総合高校）「横浜総合三者懇談会の取り組み」
竹沢清美氏（埼玉県内中学校）「父母と共同で学年集団づくり」
11月4日（日）
10：00～　分科会

第1分科会「開かれた学校づくりの今とこれから——実践上の課題」

開かれた学校づくりに取り組んできた各地の高校、中学校の実践を交流し、自分の学校の課題、今後の発展性などを率直に交流し合いましょう。

レポート1「朝霞高校の未来を語る——生徒参加の学校づくり」川島啓一氏（埼玉県立朝霞高校）

レポート2「学校環境づくり：地域連携の取り組み、はじまりは図書館の改装から——事務職員として参加したこと」藤安京子氏（広島市立大州中学校）

レポート3「『三者協議会』から『ひとつなぎフォーラム』へ——岡山県立落合高等学校4年間の軌跡」園田哲郎氏（岡山県立落合・真庭高等学校）

第2分科会「開かれた学校づくり理論上の課題」

「開かれた学校」、「参加」論について、学校評価、学校現場からの三層構造、カナダとの比較という多面的なアプローチから、参加者と深めます。

レポート1「『開かれた学校づくり』への参加・参画・協働の現段階」日永龍彦氏（山梨大学）

レポート2「『参加の三層構造』を通じて『自前の社会づくり』に参加する主体の形成を」菅間正道氏（埼玉私学自由の森学園）

レポート3「カナダにおける『開かれた教育行政』及び『開かれた学校づくり』」平田淳氏（弘前大学）

第3分科会「こどもの育ちと地域づくり」

貧困と格差、いじめ問題、外国籍の子どもたちへの支援、学力保障と教育条件整備など、地域が子どもの成長発達を支えていくために何ができるか、ともに考えましょう。

レポート1　「市民の声を教育行政に届けよう――草加市の教育・地域運動の30年の歩み」込戸正人氏（民主教育をすすめる草加市民会議）
レポート2　「日本という外国で学ぶ子どもたち――ＮＰＯと行政のコラボ」簗瀬裕美子氏（ＮＰＯ法人Living in Japan）
レポート3　「子どもの放課後・学童保育と地域」草加市学童保育指導員、保護者

第4分科会「激甚災害と地域・学校・教育」
東日本大震災から1年半以上たった今でも、被災地の子どもたち、学校は様々な困難を抱えています。今私たちができること、なすべきことをともに考えましょう。
レポート1　「生徒、保護者と共に被災地支援ボランティアへ――生徒の思いに背中を押されて」倉川博氏（埼玉県立所沢西高校）
レポート2　「原発と放射能――生徒は如何に考えたか」関根一昭氏（埼玉県立小鹿野高校）
レポート3　「原発被害の実態――学校・子どもたちは今どういう状況におかれているか」杉内清吉氏（福島県立安達高校）

高校生交流集会
県内の高校生、私学、全国の高校生が集まって、語ろう自分の学校を！

13：00～　昼食休憩
14：00～16：00　総括討論集会

各分科会の報告、質疑応答、２日間通しての意見交流、集会のまとめ（代表呼びかけ人から）
16：00閉会

（4）第14回　開かれた学校づくり全国交流集会ｉｎ多摩

日時　２０１３年11月16日（土）～17日（日）
会場　一橋大学国立キャンパス
実行委員会　実行委員長：中田康彦（一橋大学）、事務局長：宮下与兵衛（首都大学東京）

11月16日（土）

13：00～　受付
13：30　開会（司会：宮下与兵衛）
　実行委員長あいさつ（中田康彦）、呼びかけ人代表あいさつ（勝野正章）
14：00～17：00　シンポジウム「ひらかれた学校づくりの魅力と課題」
〈パネリスト〉高校生３名、保護者１名（古賀禧子（三多摩高校問題連絡協議会代表））
〈コーディネーター〉　勝野正章（東京大学）
〈シンポジウムの趣旨〉
　三者協議会に代表されるひらかれた学校づくりの実践に当事者として携わっている高校生から、学校づくりのおもしろさや手応え、もどかしさや不満を、高校生の目線で率直に問題提起してもらいます。それぞれの学校の実践はどこからきて、どこへゆこうとしているのか。ひらかれた学校づくりによって何ができており、何ができていないのか。「学校をひらく」ということはどういうことなのか。

「学校をひらく」から「地域にひらく」への回路をつくることはできるのか。地域教育運動が積み上げてきた成果をどのように継承することができるのか。

フロアのみなさんとともに、参加と共同の学校づくりの意義と現在の到達点、今後の課題について考えてみたいと思います。

11月17日（日）

10：00〜12：30　分科会

第一分科会「ひらかれた学校づくりの実践に学ぶ」

ひらかれた学校づくりの実践事例について交流する中で、ひらかれた学校づくりの多様性・自分の学校における可能性について考えてみます。

①柳井英雄さん（大東学園高等学校）「『私学』なのに『公立』か!?〜大東学園の三者の協同の教育づくり〜」

②雨宮康之さん（兵庫県立舞子高等学校）「舞子ＳＰＴの取り組みについて」

第二分科会「地域にひらかれた学校・教育行政づくりの課題」

ひらかれた学校づくりの理論的課題について、学校経営論・学校参加論といった立場から、現在の到達点と今後の課題を検討します。あわせて、教育委員会は本当に不要なのか、地域にひらかれた教育行政づくりとはどんなものなのか考えてみます。

①武者一弘さん（信州大学）「開かれた学校づくりの可能性と理論的課題」
②葛西耕介さん（東京大学大学院）「イギリスの学校理事会――『開かれた学校づくり』への示唆」
③河合美喜夫さん（都立高校教諭）「『ひらかれた学校づくり』政策をどうみるか」

高校生交流集会
高校生同士で、日々の学校生活のあり方や学校づくりのおもしろさ・楽しさや難しさ・不満など、おおいに語りあいます。

13：30～15：30　総括討論集会　司会：宮下与兵衛
各分科会の報告・質疑応答、全体をとおしての意見交換、集会のまとめ（中田康彦）
15：30　閉会

(5) 第15回「開かれた学校づくり」全国交流集会in滋賀

日時　２０１５年2月14日（土）～15日（日）
会場　近江兄弟社学園（滋賀県近江八幡市市井町１７７）
滋賀実行委員会・事務局　実行委員長：篠原岳司（滋賀県立大学）、事務局長：武井哲郎（びわこ成蹊スポーツ大学）

2月14日（土）

12：30～　受付

13：00～13：30　開会挨拶

実行委員長・呼びかけ人代表　挨拶

近江兄弟社学園理事長　池田健夫氏　挨拶

13：30～17：00　シンポジウム

「子どもと学校が直面する課題から『開かれた学校づくり』を再考する」

〈コーディネーター〉勝野正章氏（東京大学）

〈シンポジスト〉中田康彦氏（一橋大学）、夏原常明氏（滋賀県立彦根西高校）、澤豊治氏（長浜市立長浜南中学校）、山中寿基氏（近江八幡市立八幡小学校）、早久間学氏（近江八幡市立馬淵小学校）

18：00～　交流会

2月15日（日）

8：30～　受付

9：00～13：00　分科会

第1分科会「開かれた学校づくりの実践交流」

生徒・保護者・教師参加による学校づくり（三者協議会）、生徒・地域住民・保護者・教師参加による学校づくりと地域づくり（フォーラム）、生徒参加による授業づくり（学びの共同体）の実践が現在どう展開されているのか交流し、その課題と今後の展望について話し合います。

レポート１　「大東学園高校の三者協議会」担当者（東京都私立大東学園高校）
レポート２　「全校生徒参加の三者協議会」伊藤晃氏（長野県立岡谷東高校）
レポート３　「フォーラム（四者）と生徒会のまちづくり参加」宮下与兵衛氏（元長野県立辰野高校・首都大学東京）
レポート４　「生徒参加としての学びの共同体」夏原常明氏（滋賀県立彦根西高校）

第２分科会「開かれた教育行政」

第２期教育振興基本計画が提出され〝教育再生〟に向けた新しい道筋が示される中、地教行法の改正に基づき新しい教育委員会制度が提案され、地方教育行政の在り方が大きく変わろうとしています。責任体制の確立、地域住民の意向の反映を目指した制度改革は、地方教育行政にいかなる影響を与えるのでしょうか。本分科会では、「開かれた教育行政」をテーマに、多様な側面から新しい教育行政の在り方を探ります。

レポート１　澤田繁氏（上越市役所）
レポート２　辻村貴洋氏（上越教育大学）
レポート３　坪井由実氏（愛知県立大学）

第３分科会「コミュニティ・スクールの成果と課題」

２００４年に法制化されたコミュニティ・スクール（学校運営協議会制度）は、全国で１９１９校がその指定を受けるまでに拡大しています（２０１４年４月１日現在）。本分科会では、コミュニティ・スクールの現状を確認したうえで、各学校・地域で行われている具体的な実践について、共に学び合っていきたいと思います。子どもの学びや育ちにとってコミュニティ・スクールという制度はいかなる意味を持ちうるものなのか、討議を深めていく予定です。
レポート1「コミュニティ・スクールの全国的な動向」仲田康一氏（常葉大学）
レポート2「滋賀県湖南市におけるコミュニティ・スクールの実践」宮治一幸氏（湖南市立石部中学校・校長）
レポート3「三重県松阪市におけるコミュニティ・スクールの実践」鈴木逸郎氏（松阪市立第四小学校・コミュニティ・スクール理事長）、大村尚子氏（松阪市立第四小学校・コミュニティ・スクール理事）

第4分科会「子ども参加と学校づくり」

いま、学校は子どもたちにとってひらかれた場になっているでしょうか。学校や教師の権威性を乗り越え、子どもたちの目線に立った学校づくりを展開することは可能なのでしょうか。本分科会では、子ども参加の質を重層的に問い直しながら、ひらかれた学校づくりの課題と展望を明らかにしたいと思います。
レポート1「島小学校づくりを振り返りながら子ども参加のいまを考える」植田一夫氏（近江八幡市立八幡小学校）
レポート2「子ども目線で教師・学校を考える」本田清春氏（滋賀民主教育研究所）
レポート3「近江兄弟社高校単位制課程での学校づくり――参加することで主体者になる」安藤敦子氏他（近江兄弟社高校）
レポート4「体育祭の縮小に子どもたちは……」寺村朝子氏（長浜市立浅井中学校）

(6) 第16回『開かれた学校づくり』全国交流集会 in 愛知

日時　2016年2月13日（土）～14日（日）
会場　名古屋市立中央高等学校（名古屋市中区新栄）

愛知実行員会・事務局　実行委員長：大橋基博（名古屋造形大学）、副実行委員長：石井拓児（名古屋大学）・坪井由実、事務局長：細野隆彦、事務局次長：松林隆幸（名古屋市立桜台高校）、実行委員：大村恵（愛知教育大学）、久野靖浩（名古屋市立桜台高校）、後藤厚（名古屋市立菊里高校）、仙石由起子（名古屋市立山田高校）、八幡文子（名古屋市立山田高校）、平岩浩幸（愛知県立西尾東高校）、古川慎一郎（名古屋市立中央高校）、松原信継（愛知教育大学）、武者一弘（中部大学）、和田智之（名古屋市立若宮商業高校）

2月13日（土）

12：00～13：00　受付
13：00～13：20　開会行事
　呼びかけ人代表挨拶、実行委員長挨拶、
13：20～17：00　シンポジウム『主権者を育てる視点の多様な実践から学ぶ』
〈コーディネーター〉中田康彦（一橋大学）
〈シンポジスト〉
①長野県辰野高校　「辰野高校の三者協議会のとりくみについて」
②名古屋市立山田高校「山田高校のより良い学校づくりをめざす生徒・保護者・教職員による意見交流会につ

いて」

③名古屋市立菊里高校生徒会「私たちが考える学校づくり」

④名古屋大学附属中・高校「ＳＳＨとＳＧＨ名大附属がめざす学校づくりｐａｒｔⅡ～名大附属が考えるグローバル人間とは～」

⑤愛知黎明高校「地域と父母と他校とつながる愛知黎明高校生徒会の活動報告」

⑥杉浦真理氏（立命館宇治中学・高校）「祝18歳選挙権　シティズンシップ教育で、18歳を市民に」

17：30～交流会

2月14日（日）

全体会での発表を含め、参加者での意見交流を中心に行います。

8：30～9：00　受付

9：00～11：30　分科会

第一分科会『生徒参加の学校づくりの実践交流』

司会：日永龍彦（山梨大学）

一人ひとりが個人として尊重されていると実感できてこそ、主権者です。学校の主人公である生徒が、主体的に学校づくりに参加する中で、何を考え、何を感じたのか。その実践の交流を通して、未来の社会の担い手を育てることについて考えます。

①名古屋市立山田高校「山田高校のより良い学校づくりをめざす生徒・保護者・教職員による意見交流会について」

②名古屋市立菊里高校生徒会「私たちが考える学校づくり」
③名古屋大学附属中・高校「ＳＳＨとＳＧＨ名大附属がめざす学校づくりｐａｒｔⅡ～名大附属が考えるグローバル人間とは～」
④愛知黎明高校「地域と父母と他校とつながる愛知黎明高校生徒会の活動報告」

第二分科会『子ども参加・主権者教育の実践交流』
司会：宮下与兵衛（首都大学東京）
18歳選挙権が現実となった今、主権者教育が学校の内外で模索されています。憲法・子どもの権利条約の視点に立った主権者教育を進めていくためにはどうしたらよいか、実践をもとに政治的教養、判断力を育むための課題およびその方法について議論を深めます。
①大村恵氏（愛知教育大学）「豊田市子ども条例および子ども参加」
②杉浦真理氏（立命館宇治中学・高校）「祝18歳選挙権　シティズンシップ教育で、18歳を市民に」
③伊藤和彦氏（名古屋市立桜台高校）「主権者教育をはじめるにあたって」
④坂口敦氏（愛知県立春日井工業高校）「意見表明をする授業」

第三分科会『保護者・教職員共同の学校づくりの実践交流』
司会：武者一弘（中部大学）
いま国は、保護者や住民がもっと学校に参加し応援することを求めています。他方で、保護者を学校づくりの当事者として位置づけ、教職員との対話と協働をおしすすめている地域もあり、それらの実践を交流し、子どもを真ん中に「保護者と教職員が協力すればこんなこともできる」という可能性を話し合います。

①玉置崇氏（岐阜聖徳大学）「保護者・地域と一体となって取り組む愛される学校づくり」
②舘柾晩氏（愛知黎明高校）「生徒・父母・教師三者で学校づくりをすすめる愛知黎明高校の歴史と取り組み～学校づくりフォーラム・父母提携活動を中心に～」
③馬場末春氏（あいち定通父母の会）「教育の砦Ⅲ～公立の定通信制高校「説明会」24周年父母と教職員共同の軌跡～」

【全体会】11：40～12：30
11：40～12：15　分科会報告、全体討論
12：15～12：30　閉会行事

（7）第17回『開かれた学校づくり』全国交流集会in東京

日時：2017年2月18日（土）～19日（日）
会場：大東学園高等学校
現地実行委員長：金子広志（大東学園校長）、事務局長：山崎到（大東学園）
後援　世田谷区、世田谷区教育委員会

2月18日（土）
13：30～14：00　受付

14：00～17：00　全体会
14：00～14：15　開会行事
　呼びかけ人代表挨拶、実行委員長挨拶、世田谷区長挨拶
14：15～15：15　大東学園の三者懇談会
　大東学園関係者（教員・生徒・東和会）
　「なぜ学ぶのか」について、教職員・生徒・保護者の三者で懇談会を開き、大東学園の学校づくりの一端をみせてもらいます。
15：15～15：30　休憩
15：30～17：00　シンポジウム『三者協議会や生徒会活動で何を学んでいるのか』
　三者協議会や生徒会活動は自分たちに何をもたらしているのか、現役の高校生や卒業生の視点から語ってもらいます。
〈コーディネーター〉勝野正章（東京大学）
〈シンポジスト〉
①大東学園在校生　　3年生2～3名
②旭丘高校在校生
③大東学園卒業生
④旭丘高校卒業生
17：00　初日閉会のあいさつ
交流会

2月19日（日）

全体会での発表を含め、参加者での意見交流を中心に行います。

9：30〜10：00　受付

10：00〜12：00、13：00〜15：00　分科会

第一分科会『生徒参加の学校づくりと主権者教育』

司会：宮下与兵衛（首都大学東京）

①大東学園高等学校　ダイトーーク！　生徒会執行部・教員

②都立A高等学校生徒会執行部・生徒会顧問

③青森県立三沢高等学校　MOSSサミット　酒田孝（六戸高等学校、前三沢高等学校）

第二分科会『地域・学校と子どもの成長』

司会：中田康彦（一橋大学）

①横浜総合高校における地域との連携　天野真人（横浜総合高校校長）

②世田谷区船橋地域青少年情報交換会のとりくみ　大垣真理子（子どもぶんか村理事）

③世田谷区子どもぶんか村の実践　宮幸朱美（子どもぶんか村副会長）

④辰野高校のフォーラムと地域活動　山沢智樹（首都大学東京大学院）・首都大学東京学生

第三分科会『開かれた学校づくりの研究交流』

司会：武者一弘（中部大学）

①三者協議会と学校組織づくり　上田秀麿（一橋大学大学院）
②学校経営と学校づくりの動向　藤岡恭子（鈴鹿大学短期大学部）
③三者協議会の事務局体制　大東学園教員

全体会
15：00〜16：00　分科会報告、全体討論
16：00〜16：15　閉会行事

（8）第18回『開かれた学校づくり』全国交流集会ｉｎ松本

日時　２０１7年9月17日（日）〜18日（祝）
会場　松本大学
現地実行委員会・事務局　実行委員長：武者一弘（松本大学）、副実行委員長：内堀守（長野県教育文化会議）、事務局長：宮下与兵衛（首都大学東京）、事務局次長：宮本和夫（松本大学）実行委員：北原恵美・下岡英樹・田村敏彦・中村富貴子・牧内淳一
共催　長野県教育文化会議
後援　松本市教育委員会、信州の教育と自治研究所

9月17日（日）

13：30～14：00　受付

14：00～17：00　全体会

14：00～14：15　開会行事

呼びかけ人代表挨拶、実行委員長挨拶、教文議長挨拶

①14：20～　報告『フランスの生徒はどう学校運営・教育行政に参加しているか』　武庫川女子大学　大津尚志氏

②15：30～　活動報告『音問題から松本深志高校地域フォーラム「鼎談深志」発足まで』　松本深志高校生徒会役員

③16：15～　活動報告『選挙での高校生の参加活動「飯田下伊那１００」の取り組み』　飯田高校生徒・卒業生

17：00　初日閉会のあいさつ

交流会

9月18日（祝）

9：00～9：40　受付

分科会　9：40～12：00、13：00～14：00

第一分科会「生徒参加の学校づくりと主権者教育」

司会：小池（川口北高）・内堀（教文）

①ＰＴＳ協議会の取り組み　岡谷東高校生徒会執行部
②全校生徒参加の三者協議会への取り組み　辰野高校生徒会執行部
③多部制高校での三者協議会の取り組み　箕輪進修高校元生徒会執行部

第二分科会「生徒参加の地域づくりと学校」
司会：中田（一橋大）・宮本（松本大）
①市議会請願活動　松本工業高校教師・生徒
②「明科いいまちつくろうかい」の活動　明科高校教師・生徒
③地域とのソバづくり活動　長野吉田高校戸隠分校教師・生徒
④地域と高校の良い関係――「地域人教育」の取組み　飯田ＯＩＤＥ長姫高校教師・生徒

第三分科会「開かれた学校づくりの研究交流」
司会：日永（山梨大）・田村（教文）
①フランスの生徒参加が成立する条件に関する考察　大津尚志（武庫川女子大）
②恵那の地域「教育会議」の研究　山沢智樹（首都大院生）
③三者協議会・学校フォーラムの理論研究――長野県辰野高等学校を素材にして　宮盛邦友（学習院大）
④子どもの最善の利益と「開かれた学校」　武井哲郎（立命館大）

全体会
14：00〜14：45　分科会報告、全体討論

14：45～15：00　閉会行事

(9) 第19回『開かれた学校づくり』全国交流集会in東京

日時　2019年2月9日（土）～10日（日）
会場　東京大学　教育学部

大会実行委員長　勝野正章（東京大学）

2月9日（土）

13：30～14：00　受付
全体会　14：00～17：00
　呼びかけ人代表挨拶
報告①原田亜紀子さん（慶應義塾高校教諭）「デンマークの生徒参加を支える学内外の仕組みと実践」
報告②東葛看護専門学校自治会役員「学校評価懇話会への参加と給付型奨学金運動」
報告③岩崎詩都香さん（学生団体FREE、東京大学学生）「高等教育無償化プロジェクトを立ち上げて」

2月10日（日）

9：00～9：30　受付
9：30～12：00、13：00～14：00　分科会

第一分科会「生徒参加による主権者教育の国際比較研究」

①荒井文昭さん（首都大学東京）「ニュージーランドにおける学校理事会制度の可能性と課題――体験を通した主権者教育に注目して」

②古田雄一さん（大阪国際大学短期大学部）「アメリカにおける生徒参加を通じた主権者教育の近年の展開――イリノイ州・シカゴ学区の事例を中心に」

③柳澤良明さん（香川大学）「ドイツにおける民主主義教育の展開と課題」

④宮下与兵衛さん（首都大学東京）「若者の主権者意識と参加活動の国際比較」

第二分科会「地域づくりと学校内外での開かれた学校づくり」

①國井真実さん（東京・船橋地区青少年委員会）「世田谷区立船橋希望中学校におけるオリパラ教育事業「世界に聞いちゃおう！」実施に向けたとりくみ」

②大学生（学生団体ＳＭＩＳＳ）「学生による開かれた学校交流の実践」

③小市聡さん（横浜市立横浜総合高等学校・校長）「横浜総合高校の地域に開かれた学校づくり」

第三分科会「各地における三者協議会の取り組み」

①藤田毅さん（高知・太平洋学園高等学校教諭）「定時制・通信制高校における三者協議会への取り組み」

②渡邊高太さん（大東学園東和会　３年生保護者　学年学級運営部部長）「三者でつくる学校における保護者の意見集約の取り組みについて」

③宮城道良さん（愛知・同朋高等学校教諭）「開かれた学校づくりを実現する同朋オープン・フォーラム２０１８」

14：00～14：45　全体会　分科会報告、全体討論
14：45～15：00　閉会行事
子ども・教職員・保護者・住民共同の学校づくりをめざして！

(10) 第20回「開かれた学校づくり」全国交流集会in高知

日時　2019年11月8日（金）18：00～20：00　プレ企画
9日（土）13：30～17：00　分科会
10日（日）9：00～15：00　全体会

会場　太平洋学園高等学校

実行委員会　事務局　野村幸司、藤田毅（太平洋学園高等学校）
世話人（五十音順）世話人　青木宏治（高知大学名誉教授）、内田純一（高知大学）、浦野東洋一（帝京大学・東京大学名誉教授）、加藤誠之（高知大学）、鈴木大裕（教育研究者・土佐町議会議員）、竹倉美智（元県教育委員）、光富祥（太平洋学園高校長）

後援　高知県教育委員会、高知市教育委員会、公益財団法人日本教育公務員弘済会高知支部

11月8日（金）プレ企画
17：30～18：00　受付

18：00～20：00　パネルディスカッション「高知の教育20年の回顧と展望」

11月9日（土）

分科会
13：00～13：30　受付
13：30～17：00　分科会

第1分科会　「開かれた学校づくり」と子ども・保護者の学校参加

①太平洋学園高等学校「三者会」　太平洋学園高等学校・小松智彦さん、高校生
②開かれた校づくり～Dream come true　懇話会&授業改善検討委員会～　丸の内高等学校・北川大洋さん、門田雅仁さん
③三者で取り組む授業改革への道のりと今年度の取り組み　大東学園高等学校・市村卓也さん、高校生

第2分科会　地域の課題と学校

①地域の学校！　地域が学校！　伊野商業高等学校・高校生
②地域防災の取り組み　太陽学園高等学校・伊藤創平さん、高校生
③ワカモノと高校生が考える土佐市のミライ　土佐市青年団・岩井達哉さん
④子ども食堂・子どもの居場所づくり　高知県立大学「こどもみらい塾」・西本慎悟さん
⑤小学校における伝統野菜の学習　小学校教員・宮川真幸さん

第3分科会　子どもの居場所・健康、そして学校
①保健室から子どもの健康を考える　養護教諭・濱口幸和さん
②学校現場で食について思うこと　栄養教諭・北村真知子さん
③地域とつながる子ども支援　森田村塾塾長・関西博文さん
④子ども食堂の取り組み　子ども食堂こうち・奏泉寺あやさん
⑤子供たちの力を地域の力に！　土佐町社協・山首尚子さん

第4分科会　発達障害の子どもへの理解と支援～多様性を認め合える学校をめざして～
①学校にいても、学習の支援が得られない……　保護者・武政めぐみさん
②中学校における合理的配慮について　保護者・池ノ上美和さん
③「とさ自由学校」の目指すもの　とさ自由学校・難波佳希さん

第5分科会　小さな学校と地域づくり～学校統廃合を考える～
①中学校存続の取り組み　保護者・梶元誉央さん
②小規模校の特色を生かして　南国市教委・伊藤和幸さん
③人口400名の村から　大川村村議・和田将之さん、竹島正起さん

第6分科会　つながろう！　語り合おう！　障碍児教育の未来
①高知県の障害児教育をめぐる20年　特別支援学校教員・藤木真由美さん
②知的障害特別支援学校をめぐって　特別支援学校教員・中藤美紀さん

③保護者の思い・願い　特別支援学校保護者

18：00～　交流会

11月10日（日）

全体会

8：30～9：00　受付

9：00～9：30　歓迎セレモニー（太平洋学園高等学校生）

9：30～9：50　開会行事

9：50～12：00　実践発表

①奈半利中学校三者会、20年の歩み　元奈半利中学校教員・濵田郁夫さん

②教育と地域おこし：過疎地からのパラダイムシフト　教育研究者、土佐町議会議員・鈴木大裕さん

12：00～13：00　昼食

13：00～14：30　実践発表

③保護者の学校参加

・PTA改革と三者協議会10年の歩み　日本橋中学校・PTA顧問喜多隆正さん

・父ちゃんズクラブの取り組み　保護者・仲村智昌さん

14：30～15：00　閉会集会

2. 全国交流集会呼びかけ人（2019年12月現在、◆は代表）

池上東湖（大東学園）、浦野東洋一（帝京大学）、大津尚志（武庫川女子大学）、◆勝野正章（東京大学）、神山正弘（元帝京平成大学）、菊地克則（元横浜市立高校教員）、小池由美子（埼玉県立川口北高校）、小島優生（獨協大学）、篠原岳司（北海道大学）、武井哲郎（立命館大学）、◆中田康彦（一橋大学）、坪井由実（元愛知県立大学）、日永龍彦（山梨大学）、平田淳（佐賀大学）、藤岡恭子（岐阜協立大学）、細野隆彦（元愛知教育大学）、三上昭彦（元明治大学）、宮下与兵衛（東京都立大学）、宮盛邦友（学習院大学）、武者一弘（松本大学）

3. 報告テーマ等

a. 三者協議会

本集会では、第1回（2000年・高知大学）の開催以来、子ども・生徒参加の三（四）者協議会（会議、懇談会）・フォーラムの実践を交流してきた。第11～20回集会において報告されたのは、北海道平岸高校、北海道富良野高校、北海道美瑛高校、青森県立三沢高校、長野県辰野高校、長野県岡谷東高校、長野県箕輪進修高校、長野県松本深志高校、埼玉県公立中学校、大東学園高校（東京）、旭丘高校（神奈川）、横浜市立総合高校、名古屋市立山田高校、同朋高校（愛知）、愛知黎明高校、兵庫県立舞子高校、岡山県立落合高校、太平洋学園高校（高知）、奈半利市立奈半利中学校における取り組みである。また、埼玉県立草加東高校、埼玉県立川口北高校、東葛看護専門学校（千葉県流山市）からは、学校評価懇話会を四者協議の場として活用する取り組みが報告された。

海外には子ども・生徒が参加する学校協議会に参加する「開かれ学校づくり」が公式の制度となっている韓国、

フランス、カナダ、ドイツなどの例があり、その制度や取り組みも報告されてきた。

b. 子ども・生徒参加の学校づくり

言うまでもなく、子ども、生徒参加の学校づくりは、三者協議会以外の方法でも取り組まれている。第11～20回集会では、埼玉県立朝霞高校、名古屋市立菊里高校、名古屋大学附属中学・高校、愛知黎明高校、滋賀県立彦根西高校、近江兄弟社高校（静岡県近江八幡市）、近江八番市立島小学校、長浜市立浅井中学校、高知県立丸の内高校から、それぞれの特色ある取り組みが報告された。彦根西高校の「学びの共同体」のように、子ども・生徒参加の領域は授業へと広がっている。

子ども・生徒参加の学校づくりには、子ども・生徒の声（意見表明）を受けとめ、耳を傾けるおとなたちの共同が欠かせない。教師と父母の共同による学年集団作り、事務職員の立場からの学校環境づくりを契機とした地域との連携、あいち定通信父母の会などの取り組みは、そうした大人たちによる共同の報告として位置づけられる。「子ども理解のカンファレンス」（北海道檜山町、滋賀県）も、おとなたちによる子ども理解を深めることで、子どもを主人公にした学校、地域づくりにつながっている。また、養護教諭による子どもの健康についての報告、栄養教諭の食についての報告も、多面的に子どもを見つめ、理解を深める内容であった。

c. 子ども・生徒、若者による地域づくり、社会参加

子ども・生徒、若者の参加は、学校という枠を超えて、地域が抱える課題への取り組み、地域づくりへと広がる。第18回大会（松本大学）では、「生徒参加の地域づくりと学校」科会が設けられ、松本工業高校の市議会請願活動、

明科高校の「明科いいまちつくろうかい」の活動　吉田高校戸隠分校の地域とのソバづくり活動、飯田ＯＩＤＥ長姫高校の「地域人教育」の取り組みが報告された。第20回大会（太平洋学園高校）の「地域の課題と学校」分科会でも、伊野商業高校キャリアビジネス科（ツーリズムコース）と商業ビジネス部、大洋学園高校の地域防災、土佐市青年団、高知県立大学「子ども未来塾」、小学校における伝統やさいの学習について、報告が行われた。

子どもの意見表明と社会参加を保障することの重要性は、以前から本集会でも議論されてきたが、２０１６年６月19日に施行された改正公職選挙法により選挙権年齢が18歳に引き下げられたことで、改めて関心が高まり、第回集会では、立命館宇治中学・高校、名古屋市桜台高校、愛知県立春日井工業高校における主権者教育の実践や長野県飯田高校生徒による選挙参加への取り組み（「飯田下伊那１００」）が報告された。デンマーク、ニュージーランド、アメリカにおける若者の社会参加、主権者教育の比較研究報告も行われている。

第19回大会（東京大学）で報告された学生団体ＦＲＥＥの「高等教育無償化プロジェクト」、東葛看護専門学校自治会・学生による給付型奨学金運動は、大学生、専門学校生が自分たちにとって身近な学費（学習権保障）の課題を主権者として社会に参加することを通して解決しようとする取り組みである。

d．地域における共同の子育て・教育

第11～20回集会では、地域における共同の子育て・教育の取り組みとして、稚内市の子育て運動、草加市の学童保育、三多摩高校問題連絡協議会、世田谷区子どもぶんか村、東京・船橋地区青少年委員会、子ども食堂こうち、土佐町社会協議会の活動が報告された。こうした活動は、開かれた学校づくりとともに車の両輪となって、子ども・若者の育ちを支えている。

また、２００４年から法制度化されたコミュニティ・スクールも、地域において共同の子育て・教育を進める仕

組みとなりうる。本集会では、北海道三笠町、滋賀県湖南市立石部中学校、三重県松坂市立第四小学校の取り組みが報告された。

e．開かれた教育行政、教育行政への住民参加

本集会では、「開かれた学校づくり」と並んで、生きる権利、意見表明する権利、学習する権利をはじめとする子どもの諸権利を主として条件整備を通じて保障する責務を担う教育行政に対しても大きな関心を寄せてきた。第11～20回集会では、上田市教育行政のあり方を考える有識者会議、札幌市子どもの権利委員会、豊田市子どもの権利条例、２０１５年4月に施行された新教育委員会制度についての報告が行われた。また、外国とつながりのある子どもたちの教育をめぐるＮＰＯと教育行政の協働についての報告もあった。

第20回集会（２０１９年、太平洋学園高校）では、「小さな学校と地域づくり」分科会が設けられ、保護者、南国市教育委員会、大川村村議の報告を受けて、学校統廃合問題が協議された。

g．東日本大震災・原発

２０１１年3月11日の東日本大震災は多数の尊い生命と物的財産を奪い、続いて発生した原発事故とともに、未曾有の激甚災害となった。第12回集会（２０１１年、北海学園大学）では宮城県から学校、子どもたちの様子が報告され、第13回集会（２０１２年、獨協大学）では、埼玉県立所沢西高校の被災地支援ボランティア、埼玉県立小鹿野高校における原発と放射能についての学びについての報告が行われた。

h．発達障害、障がいのある子どもたちの理解と支援

第20回集会（2019年、太平洋学園高校）では、発達障害と障がい児教育をテーマに2つの独立した分科会がはじめて設けられ、保護者、「とさ自由学校」教員、特別支援学校教員からの報告を受けて、子どもたちの理解と支援について協議が行われた。

i．開かれた学校、開かれた教育行政に関する理論研究

j．中学生・高校生のつどい

各集会では、中学生・高校生のつどい（交流）の時間が設けられてきた。つどいで聞いた他校の取り組みに学び、その後、自分の学校でも取り入れようとするなど、活発に交流が行われている。

おわりに

浦野東洋一

私事にわたり恐縮であるが、私は一九四三年生まれで、東洋一という名は大東亜戦争の時代を反映している。喜寿を迎えて、大学教員五〇年が終了する二〇二一年三月に大学を去ることにした。長期にわたり勤務できたのは、師匠の宗像誠也先生をはじめとする諸先生、同僚、事務職員、学生、そのほか大学外のお世話になったみなさんの寛大な精神のおかげであり、「開かれた学校づくり」を通じて知り合い学ばせていただいた大勢のみなさんのおかげであり、衷心より感謝申し上げる。

新型コロナ感染を体験した今こそ「開かれた学校づくり」「参加と共同の学校づくり」の本番であると「はじめに」に書いたが、二〇二〇年八月二〇日に公表された中教審答申の作成に向けた骨子（案）「誰一人取り残すことのない『令和の日本型学校教育』の構築を目指して～多様な子供たちの資質・能力を育成するための、個別最適な学びと、社会とつながる協働的な学びの実現～」を読んで、より一層その思いを強くした。これは新型コロナ感染を体験した後に書かれた五八頁に及ぶ文書であるのだが、「Society5.0」「ＩＣＴの活用」「ＧＩＧＡスクール構想」などカタカナ語が多用されている一方で、「日本国憲法」「子どもの権利条約」「子どもの学習権」「民主主義」「平和」「主権者教育」などの言葉はいっさい登場しないのである。

また、Ⅱ期においては三者協議会を梃子にした学校づくりが困難に直面したとも述べた。それは熱心な生徒会担当教員の転勤や校長の交代を契機に、三者協議会が開かれなくなった事例があったことや、三者協議会の普及が停滞したことを念頭に置いてのことであった。

こうしたなかで、一九九九年にスタートした高知県奈半利中学校の「三者会」の取り組みが二〇年にわたり続いていることは〈希望の星〉である。私は奈半利中学校を三～四回訪問した経験があり、今回大谷岩夫さんが寄稿してくださったことを大変懐かしく、嬉しく思っている。

中学校と高校では毎年三分の一の生徒と保護者が入れ替わるし、地域の変化も激しい時代であるから、毎年新鮮な感覚で「開かれた学校づくり」に取り組めるはずである。奈半利中学校の実践はそのことを示しているといってよい。

中学校での取り組みは少ないのであるが、東京には中央区立日本橋中学校のＰＴＡ主催の三者協議会があり、一〇年ほどの歴史がある。今次高知集会に保護者のＫさんが参加して全体会で報告してくださった。いずれＫさんあたりが中心になって歴史を綴っていただきたいと願っている。

東京にはいま一つ、東京大学教育学部附属中等教育学校に二〇年余の歴史をもつ三者協議会がある。今次高知集会に同校の生徒会役員のS君が参加し、発言もしていた。聞いてみると、節約のため東京―高知間は往復とも高速バスを利用し、辰野高校の三者協議会も見学する予定とのことであった。同校では卒業論文が必修であることを知っている私は、「卒論のテーマに三者協議会をとりあげて研究してよ」と返しておいた。S君もまた〈希望の星〉である。

さて、Ⅲ期を展望した時、名古屋の松林隆幸さんの論稿から刺激を受けた。

松林さんは論稿の冒頭で、二〇〇三年一二月に北海道苫小牧市で開催された第四回全国交流集会に参加し、北海道立白老東高校などの三者協議会の報告を聴いて「強烈なインパクト」を受けたと書いている。

私は第四回集会を準備するため、白老東高校の見学や世話人（現地実行委員会）のみなさんとの打ち合わせのために三回ほど白老を尋ねた想い出があるので、松林さんの論稿を懐かしく、嬉しく読んだ。

そして論稿は、「『三者協議会』の開催を提案すると『意義はわかるが……』とよく言われます。現在の学校現場は『多忙化』が大きな課題になっており、これを新たに始めることは、それに拍車をかけることになるかも知れません。しかし、私が『三者協議会』を知った時に聞いた『学校を開けば楽になる』という合言葉は、『開かれた学校づくり』を広げるうえで大きな支えになるはずです。」という文章で結ばれている。

「開かれた学校づくり」「参加と共同の学校づくり」の実践を丁寧に観察、分析して、わかり易い魅力的な言葉でその意義を説明できる理論が求められているのだと思う。

いま一つ、松林さんの論稿で注目したのは、二〇一六年以降毎年開催されている『開かれた学校づくり』あいち交流集会」についての報告である。この「あいち交流集会」は、大きな〈希望の星〉である。

「はじめに」で紹介した野村幸司さんの論稿にも、「高知においても今集会の成果を引き継ぐ準備が進んでいます。」とあり、愛知と同様の交流集会の誕生が期待できそうである。

地域（とりあえず県レベル）の教職員、生徒、保護者、市民が会合し、参加と共同の学校・教育・地域づくりについて報告し合い、学び合う集会が、とりあえず全国の一〇地域くらいに誕生し、インターネットで全国に発信するようになれば素晴らしいと思う。

Ⅲ期における「全国集会の呼びかけ人」の責務は、従来の方式で「全国交流集会」を開催することではなく、各自の居住地や勤務地で上記の「地域集会」の実現に努力することではないかと思いついた。「呼びかけ人」および関係者のみなさまが議論し、早急に結論を出して、「新たな方式と形態のⅢ期」をつくり出していただきたいと願っている。

今回もまた同時代社のお世話になった。出版事情の厳しい時代にありがたいことであり、二代目社長の川上隆さんと社員の皆さまの益々のご活躍を期待している。

新型コロナ災禍などの事情から出版が大幅に遅れたことを、重ねてお詫び申し上げる。

（二〇二一年一月二〇日・記）

横出加津彦（よこで・かづひこ）

1965年生まれ。和歌山県立粉河高等学校教諭。『考える歴史の授業』（地歴社、共著）、『民主主義教育21　Vol.12　新学習指導要領批判と主権者・憲法教育』（同時代社、共著）など。

宮盛邦友（みやもり・くにとも）

1978年生まれ。学習院大学准教授。『戦後史の中の教育基本法』（八月書館）、『現代の教師と教育実践【第２版】』（学文社）他。

小池由美子（こいけ・ゆみこ）

東京都出身、元埼玉県立高校教諭、所属校上田女子短期大学。主著に『学校評価と四者協議会　草加東高校の開かれた学校づくり』（同時代社）、『新しい高校教育をつくる　高校生のためにできること』（新日本出版）他多数。

大津尚志（おおつ・たかし）

京都府生まれ。所属：武庫川女子大学学校教育センター。『論述型大学入試に向けて思考力・表現力をどう育むか』（ミネルヴァ書房、2020年、共著）、『新版　教育課程論のフロンティア』（晃洋書房、2018年、共編著）他。

柳澤良明（やなぎさわ・よしあき）

1962年生まれ。香川大学教授。『ドイツ学校経営の研究』（亜紀書房）、『学校変革12のセオリー』（学事出版）、他。

武井哲郎（たけい・てつろう）

1984年生まれ。立命館大学准教授。著書に『「開かれた学校」の功罪——ボランティアの参入と子どもの排除／包摂』（明石書店）など。

坪井由実（つぼい・よしみ）

1950年生まれ。愛知県立大学／北海道大学（名誉教授）。『アメリカ都市教育委員会制度の改革』（勁草書房）他。

中田康彦（なかた・やすひこ）

1968年生まれ、一橋大学大学院社会学研究科・社会学部教授。主要研究領域は教育法制・教育政策・教育行政。著作に『日本国憲法の大義』（農文協、2015年、共著）、『講座・教育実践と教育学の再生』第５巻（かもがわ出版、2013年、共編著）他多数。

宮下与兵衛（みやした・よへえ）

1953年生まれ。東京都立大学特任教授（教育学）。元長野県辰野高校教諭。著書『高校生の参加と共同による主権者教育』『学校を変える生徒たち』編著『地域を変える高校生たち』（以上、かもがわ出版）『子ども・学生の貧困と学ぶ権利の保障』共著『わたしたちの日本国憲法』（以上、平和文化）『高校生が追う戦争の真相』（教育史料出版会）『開かれた学校づくりの実践と理論』（同時代社）。

執筆者略歴（掲載順）

大谷岩夫（おおたに・いわお）

1957年生まれ。元奈半利町立奈半利中学校長。

原　健（はら・たけし）

1961年生まれ。大東学園高等学校校長。慶応義塾大学大学院社会学研究科修了。1991年に大東学園に着任、教務主任・教頭などを経て現職。

松林隆幸（まつばやし・たかゆき）

愛知県出身。所属：名古屋市立桜台高等学校。

日永龍彦（ひなが・たつひこ）

埼玉県立入間向陽高校評議員。2007年より山梨大学大学教育開発センター（現大学開発センター）教授。その後、同大学学長補佐、IR室長、キャリアセンター長を兼任。

編者略歴

浦野東洋一（うらの・とよかず）

1943年4月1日長野県生まれ、1965年3月東京大学教育学部卒業。教育行政学専攻。北海道教育大学、東京大学、帝京大学教員（1970年4月～2021年3月）。東京大学名誉教授。著作に、編著『現代校長論』1997年、単著『学校改革と教師』1999年、単著『開かれた学校づくり』2003年、共編著『開かれた学校づくりの実践と理論～全国交流集会10年の歩みをふりかえる～』2010年、がある（いずれも同時代社・刊）。

勝野正章（かつの・まさあき）

1965年生まれ。東京大学教授。2010年より「開かれた学校づくり全国交流集会」の呼びかけ人代表を務める。専門は教育行政学、学校経営学。主な（編）著書として『教育の法制度と経営』（学文社）、*Education in Japan: A comprehensive analysis of education reform and practices.*（Springer）、*Teacher evaluation policies and practices in Japan: How performativity works in schools.*（Routledge）。

校則、授業を変える生徒たち
開かれた学校づくりの実践と研究
――全国交流集会Ⅱ期10年をふりかえる

2021年3月15日　初版第1刷発行

編　者　浦野東洋一・勝野正章・中田康彦・宮下与兵衛
発行者　川上　隆
発行所　株式会社同時代社
〒101-0065　東京都千代田区西神田2-7-6
電話　03(3261)3149　FAX　03(3261)3237
装丁　クリエイティブ・コンセプト
組版　い り す
印刷　中央精版印刷株式会社

ISBN978-4-88683-896-4